101 TIBURONES

Y OTRAS CRIATURAS MARINAS

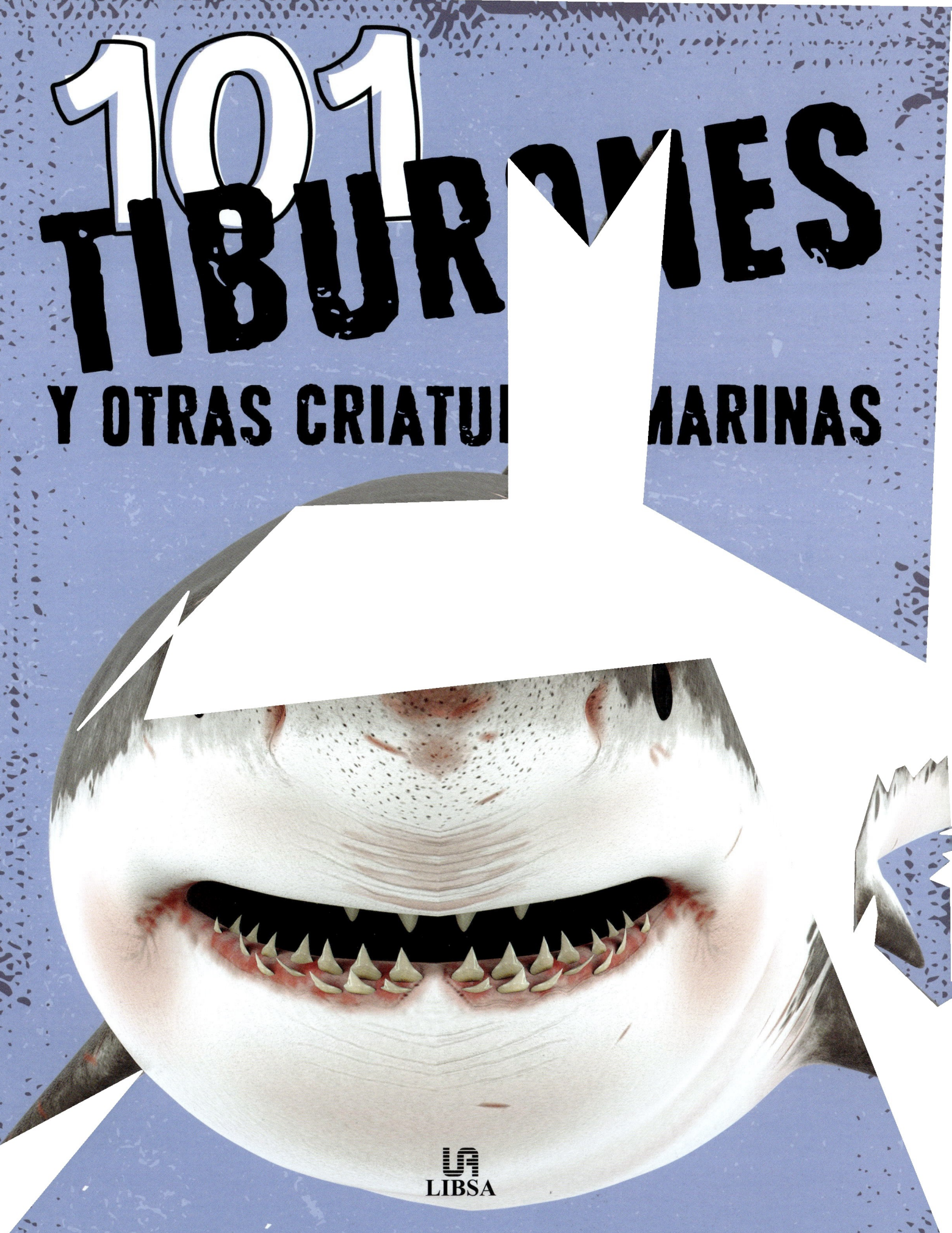

LIBSA

© 2024, Editorial LIBSA
C/ Puerto de Navacerrada, 88
28935 Móstoles (Madrid)
Tel.: (34) 91 657 25 80
e-mail: libsa@libsa.es
www.libsa.es

Textos: Ángel Luis León Panal
Ilustración: Archivo editorial Libsa, Shutterstock Images
Maquetación: Roberto Menéndez González -
                        Diseminando Diseño Editorial

ISBN: 978-84-662-4332-2

DL: M-4910-2024

CONTENIDO

1 TIBURÓN BLANCO

El tiburón carnívoro más grande del mundo

Los tiburones blancos (*Carcharodon carcharias*) son los depredadores más grandes de los océanos.

SOCIABILIDAD
Solitario

TERRITORIAL
No

MODO DE VIDA
Diurno

Gracias a sus cuerpos aerodinámicos, los tiburones blancos pueden nadar velozmente para así sorprender a sus presas. Además, son animales de sangre caliente, lo cual significa que generan su propio calor corporal.

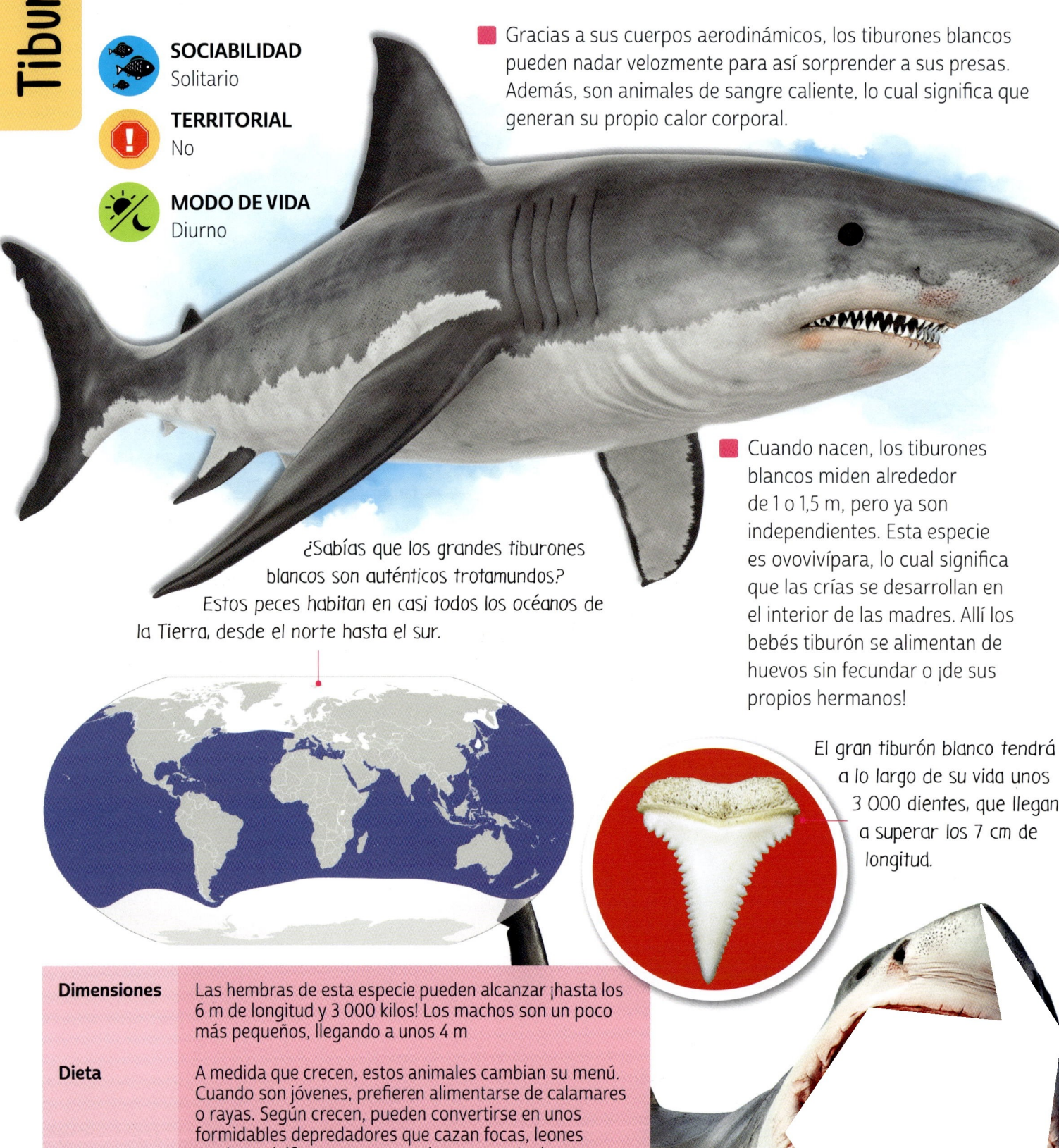

¿Sabías que los grandes tiburones blancos son auténticos trotamundos? Estos peces habitan en casi todos los océanos de la Tierra, desde el norte hasta el sur.

Cuando nacen, los tiburones blancos miden alrededor de 1 o 1,5 m, pero ya son independientes. Esta especie es ovovivípara, lo cual significa que las crías se desarrollan en el interior de las madres. Allí los bebés tiburón se alimentan de huevos sin fecundar o ¡de sus propios hermanos!

El gran tiburón blanco tendrá a lo largo de su vida unos 3 000 dientes, que llegan a superar los 7 cm de longitud.

Dimensiones	Las hembras de esta especie pueden alcanzar ¡hasta los 6 m de longitud y 3 000 kilos! Los machos son un poco más pequeños, llegando a unos 4 m
Dieta	A medida que crecen, estos animales cambian su menú. Cuando son jóvenes, prefieren alimentarse de calamares o rayas. Según crecen, pueden convertirse en unos formidables depredadores que cazan focas, leones marinos, delfines y otras grandes presas. ¡Incluso se alimentan de ballenas muertas!

2 TIBURÓN MARTILLO GIGANTE

Una cabeza muy peculiar

El tiburón martillo gigante (*Sphyrna mokarran*) es una especie que habita en todas las aguas tropicales del mundo, tanto en mar abierto como en aguas costeras poco profundas.

El rasgo más característico de esta especie es su cabeza en forma de martillo.

En realidad, esta cabeza plana y alargada en forma de T les otorga una súper habilidad: explorar el fondo marino en busca de comida.

Dimensiones	¡Estos escualos pueden medir entre 4 y 6 m de longitud!
Dieta	Su comida favorita son las rayas y otros peces pequeños

 SOCIABILIDAD
Bancos

 TERRITORIAL
No

 MODO DE VIDA
Diurno

Bajo la cabeza de los tiburones martillo hay multitud de pequeños electrorreceptores. Gracias a estos sensores pueden detectar las pequeñas presas que se ocultan en la arena del fondo marino. Estos tiburones prefieren cazar al amanecer o al atardecer.

3 TIBURÓN TIGRE

Un tiburón con rayas

El tiburón tigre (*Galeocerdo cuvier*) es una especie que habita en muchas aguas tropicales y subtropicales.

Su nombre proviene de su aspecto cuando son jóvenes. En esos momentos, estos tiburones tienen rayas que se parecen a las de los tigres. Este look les ayuda a camuflarse con su entorno. Al crecer, van perdiendo las rayas.

Gracias a sus afilados dientes, son uno de los pocos depredadores capaces de atravesar el caparazón de las tortugas marinas.

Dimensiones	Se trata de uno de los carnívoros más grandes del océano, pudiendo alcanzar hasta 7 m de longitud y pesar unos 800 kg
Dieta	¡Los tiburones tigre se alimentan de casi todo! Su menú incluye peces, moluscos, crustáceos, aves, dugongos o incluso cadáveres de ballenas

SOCIABILIDAD
Solitario

TERRITORIAL
No

MODO DE VIDA
Diurno

4 TIBURÓN TORO
Escualo impresionante

El tiburón toro (*Carcharhinus leucas*) es un gran escualo que habita en los mares tropicales y subtropicales de muchas regiones del planeta, incluso pueden explorar zonas de agua dulce.

Dimensiones	Puede medir más de 2 m de longitud y pesar cerca de 100 kg
Dieta	Estos escualos se alimentan de un variado grupo de peces, pero también de reptiles y mamíferos acuáticos

Se trata de uno de los tiburones con la mordida más poderosa, además de contar con más de 350 dientes.

Una de las características más curiosas de los tiburones toro es su capacidad para aventurarse en ríos y lagos. Esto les permite encontrar refugio o alimentos que otros tiburones no logran alcanzar.

SOCIABILIDAD
Solitario

TERRITORIAL
No

MODO DE VIDA
Diurno

Es un nadador activo capaz de recorrer 180 km en un solo día.

5 TIBURÓN ZORRO Curiosa cola

Gracias a su cola, agrupa los bancos de peces en grupos compactos para así poder atraparlos mejor. ¡También puede usarla para aturdir a sus presas!

Los tiburones zorro (*Alopias*) viven en aguas templadas y tropicales de gran parte de los océanos del mundo. Su rasgo más característico es su aleta caudal, la cual representa casi la mitad de su cuerpo.

Dimensiones	Pueden medir entre 2 y 6 m de longitud y pesar hasta 500 kg
Dieta	Estos depredadores se alimentan de una gran variedad de peces, entre los que se incluyen sardinas, anchoas, caballas o merluzas

Tienen una boca relativamente pequeña, incluidos sus dientes. Su cuerpo es muy delgado y, según la especie, puede ser de color azulado o grisáceo, con el vientre de tonos blancos.

SOCIABILIDAD
En solitario o en grupo

TERRITORIAL
No

MODO DE VIDA
Diurno

6 TIBURÓN DE PUNTA NEGRA

Depredador del arrecife

El tiburón de punta negra (*Carcharhinus melanopterus*) es una especie que habita en zonas tropicales, generalmente arrecifes de coral, de los océanos Índico y Pacífico. Por lo general, podemos encontrarlo en aguas poco profundas, cercanas a la costa.

Como su propio nombre indica, estos tiburones pueden identificarse por presentar en las puntas de las aletas dorsal y caudal manchas de color negro.

Los tiburones de punta negra no pueden dejar de nadar nunca. Igual que otros tiburones su respiración es pasiva, es decir, que necesita nadar continuamente para respirar, y si se detiene, se puede ahogar.

Dimensiones	Aunque la mayoría no crece más allá de 1,6 m, algunos individuos aventureros pueden llegar a los 2 m. Su peso puede oscilar entre 15 y 50 kg
Dieta	Los tiburones de puntas negras cazan una gran variedad de presas. Se alimentan de diversos tipos de pequeños peces, pulpos, sepias, crustáceos, tiburones y rayas de menor tamaño, aves o ¡incluso serpientes marinas!

SOCIABILIDAD
Solo o pequeños grupos

TERRITORIAL
No

MODO DE VIDA
Diurno

Estos tiburones prefieren nadar solos o en pequeños grupos. Su estilo de natación es rápido y muy activo, lo cual los mantiene siempre ocupados mientras exploran los arrecifes o realizan incursiones en las llanuras arenosas cercanas.

7 TIBURÓN DE PUNTAS BLANCAS

Su rasgo más característico, el cual les da nombre, son las puntas blancas en las aletas pectorales, dorsal y caudal.

Unas aletas inconfundibles

Los tiburones de puntas blancas (*Carcharhinus longimanus*) son grandes viajeros que exploran las aguas tropicales de los océanos Índico, Pacífico y Atlántico.

Dimensiones	Estos tiburones pueden crecer hasta los 4 m de longitud y llegar a pesar unos 170 kg
Dieta	Caza peces óseos, cangrejos, langostas y pulpos

 SOCIABILIDAD Solitario o en grupos

 TERRITORIAL No

 MODO DE VIDA Nocturno

Cuenta con un asombroso camuflaje: la parte dorsal es marrón o gris, mientras que el vientre es blanco. Así oculta su presencia a otros animales.

En sus largos viajes, estos tiburones pueden estar acompañados por peces piloto (*Naucrates ductor*) o dorados (*Coryphaena hippurus*). También pueden seguir a ballenas o incluso barcos mientras buscan bancos de peces para alimentarse.

8 TIBURÓN AZUL

Gran viajero oceánico

 **SOCIABILIDAD** Solitario

 **TERRITORIAL** No

 MODO DE VIDA Nocturno

El tiburón azul (*Prionace glauca*) es un trotamundos de los mares. Vive en todos los océanos principales del mundo, menos en el gélido Ártico.

Dimensiones	Pueden crecer hasta los 4 m de longitud y pesar unos 240 kg
Dieta	Preferentemente peces y calamares, pero también pequeños tiburones, cangrejos, aves marinas, o incluso basura

La parte dorsal de estos tiburones luce con color azul índigo profundo, el cual se vuelve de un tono azul brillante a los lados. Por otro lado, su vientre presenta colores grises o blancos. Este aspecto les permite camuflarse en el ambiente oceánico.

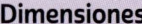

9 TIBURÓN MAKO

Un tiburón muy veloz

El tiburón mako (*Isurus oxyrinchus*) es una especie que podemos encontrar en los océanos Pacífico, Atlántico e Índico. Es capaz de viajar grandes distancias y ha sido registrado recorriendo miles de kilómetros para hallar comida o pareja.

El cuerpo del tiburón mako es muy hidrodinámico. Esto y su aleta caudal poderosa le permiten nadar grandes distancias y ¡sorprender a sus presas con velocidades de hasta de 70 km/h!

El dorso es de color azul metálico, mientras que el vientre es blanco. Al igual que otros animales marinos, su aspecto les permite camuflarse en la inmensidad de los océanos.

Dimensiones	Estos tiburones pueden medir unos 4 m de longitud y pesar hasta 150 kg
Dieta	Peces, calamares, otros tiburones, tortugas marinas...

 **SOCIABILIDAD** Solitario

 TERRITORIAL No

 **MODO DE VIDA** Diurno

10 TIBURÓN LIMÓN
Vive en pequeños grupos

El nombre del tiburón limón (*Negaprion brevirostris*) se debe a que su piel tiene un color gris amarillento que recuerda al aspecto de un limón. Gracias a esta coloración pueden camuflarse entre los fondos marinos de arena.

Esta especie habita en lugares como manglares o arrecifes de coral del Atlántico y Pacífico y en desembocaduras de ríos.

Dimensiones	Pueden crecer hasta los 2 m de longitud y pesar unos 90 kg
Dieta	Peces óseos, crustáceos y moluscos

SOCIABILIDAD Pequeños grupos o solos

TERRITORIAL No

MODO DE VIDA Diurno

11 TIBURÓN ALFOMBRA MANCHADO

Parece una alfombra

El tiburón alfombra manchado (*Orectolobus maculatus*) es una curiosa especie de escualo que habita en las costas sur y este de Australia. Se trata de un animal de hábitos nocturnos, y durante el día prefiere esconderse en cuevas, recovecos en arrecifes y naufragios.

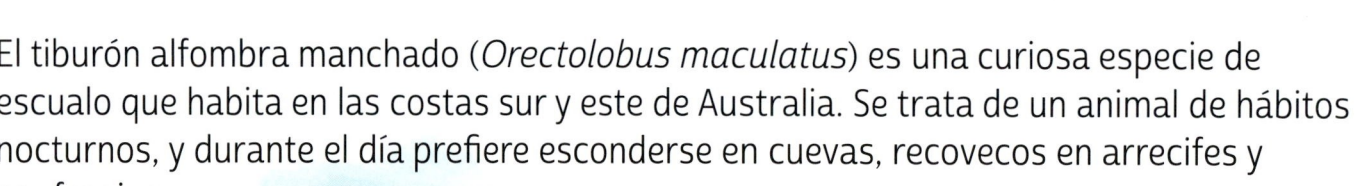

SOCIABILIDAD
Solitario

TERRITORIAL
No

MODO DE VIDA
Nocturno

■ El rasgo más característico de estos tiburones ¡es su aspecto de alfombra! Son animales aplanados y que presentan en sus barbillas multitud de pequeños apéndices. Además, gracias a su patrón de coloración amarillo o marrón cuentan con un efectivo camuflaje. En su dorso, presentan unas características manchas blancas en forma de «O».

■ A diferencia de los tiburones más veloces, el tiburón alfombra manchado es un animal lento y tranquilo. Puede permanecer quieto en el fondo marino durante mucho tiempo, esperando a que sus presas se aproximen. Cuando están lo suficientemente cerca, ¡abre su gran boca y las succiona con un rápido movimiento!

Dimensiones	Estos peces pueden crecer hasta una longitud total de 1,8 m
Dieta	La dieta de estos animales se compone principalmente de invertebrados como cangrejos, langostas y pulpos. También pueden capturar pequeños peces que se aproximan ingenuamente a su cabeza

12 TIBURÓN NODRIZA

Un tiburón de hábitos nocturnos

El tiburón nodriza (*Ginglymostoma cirratum*) es una especie que podemos hallar en las costas del océano Atlántico y este del Pacífico.

En su hocico el tiburón nodriza tiene dos apéndices que ¡recuerdan a los bigotes de un gato! Gracias a esta adaptación puede detectar las presas escondidas entre las rocas.

Los tiburones nodrizas son animales sociales. Después de pasar la noche cazando, regresan al amanecer a los mismos sitios para descansar en grupo.

Dimensiones	Estos animales pueden crecer hasta una longitud máxima de 3 m y llegar a pesar unos 100 kg
Dieta	Pueden cazar una gran variedad de presas, desde pequeños peces hasta moluscos y crustáceos

SOCIABILIDAD
En grupo

TERRITORIAL
En extremo

MODO DE VIDA
Nocturno

13 TIBURÓN CEBRA

Una curiosa apariencia manchada

Durante el día, los tiburones cebra pasan el tiempo nadando lentamente alrededor de los arrecifes. Pero cuando cae la noche se vuelven más activos, convirtiéndose en ágiles cazadores.

El tiburón cebra (*Stegostoma fasciatum*) es una especie que habita en las costas cálidas de los océanos Índico y Pacífico.

Dimensiones	Se trata de tiburones que pueden crecer hasta los 3 m de longitud
Dieta	Gracias a su cuerpo alargado, pueden entrar entre las rocas para cazar pequeños peces, cangrejos y moluscos

TERRITORIAL
No

MODO DE VIDA
Nocturno

SOCIABILIDAD
Viven solos habitualmente

TIBURÓN BAMBÚ
Un pequeño tiburón rayado

Los tiburones bambú (*Chiloscyllium*) son un tipo de escualo que podemos encontrar desde el mar Arábigo hasta las costas de las islas del noroeste del océano Pacífico.

Su cuerpo es alargado y una de sus características más llamativas son unas bandas oscuras por todo su cuerpo.

Dimensiones	Suele alcanzar una longitud de 90 cm a 1 m
Dieta	Se alimenta de animales pequeños como camarones, peces y almejas

Las hembras ponen huevos que ocultan entre los recovecos de los arrecifes de coral u otros lugares del fondo marino. Estos huevos tienen largos zarcillos que resultan muy útiles para aferrarse a las rocas hasta que los embriones eclosionan.

 SOCIABILIDAD
En pareja o en grupo

 TERRITORIAL
No

 MODO DE VIDA
Nocturno

ANGELOTE
Un experto de las emboscadas

El tiburón ángel o angelote (*Squatina squatina*) es una especie que habita en aguas templadas del océano Atlántico, desde Noruega hasta las islas Canarias.

Este tiburón tiene un cuerpo aplanado, con aletas muy desarrolladas, que le hacen parecerse a una raya. Además, su piel es grisácea o pardusca, con pequeñas manchas claras y oscuras. ¡Todos estos rasgos le ayudan a ocultarse bajo el fondo marino!

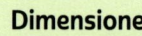

Durante el día, estos tiburones yacen inmóviles y enterrados bajo una capa de sedimento en el fondo del mar.

Dimensiones	Puede llegar a los 2,4 m de longitud
Dieta	Se alimenta fundamentalmente de lenguados, cangrejos, gambas, erizos, almejas, pulpos, rayas...

 **SOCIABILIDAD**
Solitario

 **TERRITORIAL**
Sí

 **MODO DE VIDA**
Nocturno

TIBURÓN BALLENA

El pez más grande del mundo

El tiburón ballena (*Rhincodon typus*) es, a pesar de su imponente tamaño, totalmente inofensivo para los seres humanos.

¿Sabías que la piel de estos tiburones también es única? Se encuentra repleta de escamas con pequeñas estructuras parecidas a dientes. Gracias a esta adaptación, su piel es más hidrodinámica e ¡incluso pueden repeler a los parásitos!

Debido a su tamaño, los tiburones ballena tienen pocos depredadores. Sin embargo, los ejemplares más jóvenes pueden ser atacados por depredadores como los tiburones blancos o las orcas.

Dimensiones	Algunos ejemplares pueden llegar a medir 18 m de longitud y pesar más de 20 toneladas
Dieta	Este majestuoso pez se alimenta filtrando pequeños organismos microscópicos, como plancton y krill, que flotan en el agua, o de bancos de peces, calamares y medusas

Tiene una enorme boca desprovista de dientes

Esta especie habita en mares y océanos tropicales de todo el mundo. Se trata de un animal que migra para buscar lugares donde abunde la comida o encontrar pareja. ¡Pueden recorrer miles de kilómetros en un año!

SOCIABILIDAD

Grupos o en solitario

TERRITORIAL

No

MODO DE VIDA

Diurno

17 TIBURÓN PEREGRINO

El segundo pez más grande del mundo

El tiburón peregrino (*Cetorhinus maximus*) es el segundo pez más grande del mundo. Pueden distinguirse por el color marrón grisáceo u oscuro de su piel y sus hocicos de forma cónica.

Los tiburones peregrinos viven en aguas templadas y frías de los océanos Pacífico y Atlántico. Realizan grandes migraciones, del norte al sur, para localizar los lugares donde abunda el plancton.

SOCIABILIDAD
Grupos o en solitario

TERRITORIAL
No

MODO DE VIDA
Diurno

Dimensiones	¡Pueden llegar a crecer hasta 10 m de longitud y pesar unas 4 toneladas!
Dieta	Al igual que el tiburón ballena, estos tiburones se alimentan de zooplancton que filtran gracias a sus enormes bocas y unas estructuras especiales situadas en sus branquias

18 TIBURÓN DE GROENLANDIA

El vertebrado más longevo del mundo

El tiburón de Groenlandia (*Somniosus microcephalus*) vive en las frías aguas del Atlántico Norte, donde son capaces de descender hasta una profundidad de 2200 m.

Su cuerpo es de color gris o marrón, y puede presentar manchas blancas por toda su superficie.

Dimensiones	Estos animales pueden crecer hasta una longitud de entre 2 y 4 m
Dieta	Se alimenta de peces, calamares y mamíferos marinos como focas y morsas

SOCIABILIDAD
Solitario

TERRITORIAL
No

MODO DE VIDA
A oscuras

19 TIBURÓN BOQUIANCHO
Una especie enigmática

El tiburón boquiancho (*Megachasma pelagios*) es una especie misteriosa que habita en los océanos Atlántico, Índico y Pacífico. Su cuerpo es de color gris o parduzco en la parte dorsal, mientras que en la región ventral es más claro.

Dimensiones	¡Pueden medir unos 5 m de longitud y pesar más de una tonelada!
Dieta	Esta especie se alimenta filtrando pequeños animales como krill y medusas, los cuales captura mientras nada con la boca abierta

SOCIABILIDAD
Solitario

TERRITORIAL
No

MODO DE VIDA
Por el día está en aguas profundas

20 RÉMORA COMÚN
Compañeros de viaje

Sobre sus cabezas, las rémoras presentan una especie de disco oval que les permite sujetarse a sus huéspedes.

Las rémoras (*Remora remora*) son muy curiosos. Estos animales son famosos por nadar junto a grandes animales marinos, como tiburones, ballenas, tortugas y mantarrayas que viajan a través de los mares y océanos de todo el mundo.

Dimensiones	Crecen hasta unos 90 cm
Dieta	Se alimenta de peces pequeños, crustáceos y moluscos. También aprovecha los parásitos que encuentra en la piel de sus anfitriones para obtener una deliciosa comida

SOCIABILIDAD
En banco

TERRITORIAL
No

MODO DE VIDA
Diurno/nocturno

TIBURÓN DUENDE

Un tiburón con un extraño morro

Los tiburones duende (*Mitsukurina owstoni*) son unas criaturas muy misteriosas.

SOCIABILIDAD
Solitario

TERRITORIAL
No

MODO DE VIDA
En la oscuridad

■ El tiburón duende es uno de los peces más extraños del mundo: ciego, pegajoso y capaz de detectar electricidad.

■ ¡Aún desconocemos muchas cosas sobre estos fascinantes tiburones! Esto es debido a que habitan a grandes profundidades marinas. Se cree que pueden nadar hasta una profundidad máxima de 1200 m.

Su extraño hocico es una estructura blanda, así que no pueden usarlo para atacar. Sin embargo, se piensa que esta adaptación les resulta muy útil para detectar presas como pequeños peces y otros animales del fondo marino.

El tiburón duende puede hiperextender su mandíbula para engullir mejor a sus presas.

Dimensiones	Los tiburones duende miden entre 3 y 4 m de longitud, aunque se han encontrado ejemplares de 6 m
Dieta	Generalmente se alimenta de peces medianos, calamares y crustáceos

■ Los tiburones duende no son fáciles de encontrar, pues habitan en las profundidades. Esta especie ha sido localizada en los océanos Atlántico, Pacífico e Índico, por lo que su distribución probablemente sea mundial.

22 CAÑABOTA GRIS

Un habitante de las profundidades

El cañabota gris (*Hexanchus griseus*) es una especie que habita en aguas profundas de todos los océanos. ¡Han sido vistos a una profundidad de 2500 m!

■ En las grandes profundidades marinas no hay luz. Por este motivo, el cañabota gris debe usar su sensible olfato y otros sentidos para detectar a sus presas.

Apenas han evolucionado de sus ancestros del periodo Jurásico, hace unos 190 millones de años.

Dimensiones	Pueden crecer entre 3 y 4 m de longitud
Dieta	Esta especie se alimenta de peces, crustáceos, moluscos, carroña e incluso otros tiburones

SOCIABILIDAD
Solitario

TERRITORIAL
No

MODO DE VIDA
Nocturno

23 TIBURÓN ANGUILA

Parece una anguila, pero no lo es

Los tiburones anguila (*Chlamydoselachus anguineus*) son una extraña especie de escualo que podemos encontrar en la gran mayoría de océanos de la Tierra.

Dimensiones	El cuerpo de los tiburones anguila es alargado y delgado, con su aleta caudal también muy larga, y pueden medir hasta 2 m de longitud
Dieta	Estos tiburones tienen unos extraños dientes afilados y en forma de tridente, que usan para capturar peces y calamares pequeños de aguas profundas

¡Cuentan con aproximadamente 300 de estos dientes!

SOCIABILIDAD
Solitario

TERRITORIAL
No

MODO DE VIDA
Nocturno

24 TIBURÓN CORTADOR DE GALLETAS
Una extraña forma de comer

Los tiburones cortadores de galletas (*Isistius brasiliensis*) son unos extraños animales que habitan en aguas oceánicas cálidas de todo el mundo.

¡Pueden vivir hasta una profundidad de 3700 m!

Gracias a sus dientes, son capaces de extraer pequeños trozos redondos de carne del cuerpo de sus presas.

SOCIABILIDAD
Solitario

TERRITORIAL
No

MODO DE VIDA
Nocturno

Dimensiones	Son peces de pequeño tamaño, cuyos cuerpos no superan los 50 cm de longitud
Dieta	Se alimenta de animales como cetáceos, peces espada o peces remo

25 QUIMERA MOTEADA
Pariente de los tiburones

La quimera moteada (*Hydrolagus colliei*) es un extraño pez pariente de los tiburones. Esta especie habita al noreste del océano Pacífico, hasta una profundidad de 900 m. Vive en el fondo marino, donde busca presas entre el sedimento o las rocas.

Cuenta con una espina venenosa sobre su aleta dorsal, la cual usa como defensa.

Su piel es de color marrón o grisáceo, presentando matices dorados y manchas blancas esparcidas por el cuerpo.

SOCIABILIDAD
En grupos o en solitario

Dimensiones	Estos peces miden alrededor de 40 cm
Dieta	Cuando caza, nada lentamente sobre el fondo marino buscando almejas, cangrejos, gusanos y pequeños peces

TERRITORIAL
No

MODO DE VIDA
Diurno

26 MANTARRAYA GIGANTE

Parece que vuelan al nadar

La mantarraya gigante (*Mobula birostris*) es un enorme pez que habita en aguas cálidas de todos los océanos de la Tierra. ¡Tiene dos grandes aletas pectorales que parecen alas!

Dimensiones	Esta especie suele medir entre 5 y 7 m de envergadura y pesar entre 1200 y 1400 kg.
Dieta	Estos peces se alimentan filtrando plancton, pequeños crustáceos y peces

Las mantarrayas también presentan dos grandes apéndices característicos en la parte frontal de sus cabezas. El color de estos peces es negro o con tonos azul grisáceo en la parte dorsal, y muy blancos en la parte ventral.

SOCIABILIDAD
Solitaria y en grandes grupos

TERRITORIAL
No

MODO DE VIDA
Nocturno

Pasa la mayor parte de su vida en aguas profundas, migrando a zonas ricas en plancton.

Para alimentarse, nadan lentamente con la boca abierta girando en círculos para dejar pasar el alimento.

En la época de reproducción, pueden saltar fuera del agua hasta una altura de 2 m, para luego chocar contra la superficie. Este comportamiento también les sirve para eliminar parásitos y la piel muerta.

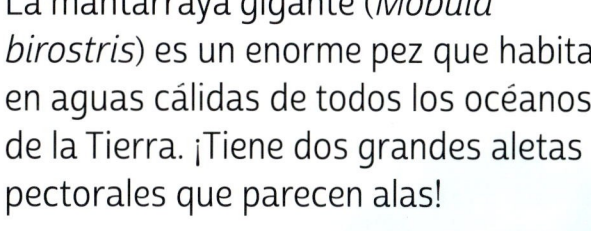

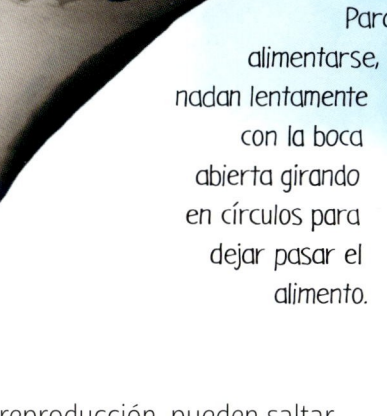

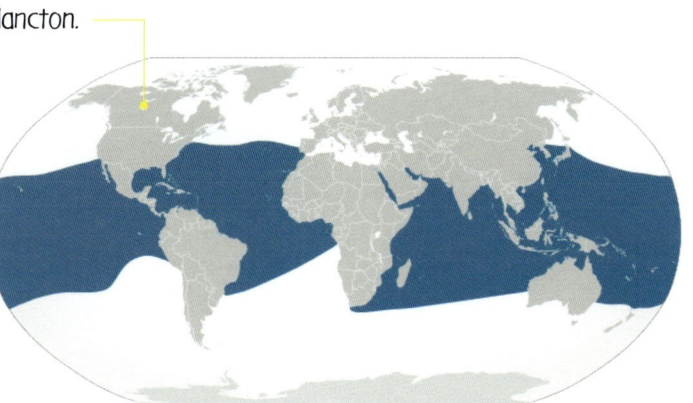

27 RAYA DE ARRECIFE
Coloreada con puntos azules

La raya de arrecife (*Taeniura lymma*) es una especie que habita en aguas poco profundas de los océanos Pacífico e Índico. Estos peces prefieren vivir alrededor de los arrecifes de coral, donde encuentran fondos arenosos para enterrarse.

Como otras rayas, su boca se encuentra en la parte inferior del cuerpo. Cuando caza, rastrea presas ocultas en la arena y, al encontrarlas, las desentierra y dirige hacia su boca con las aletas.

Dimensiones	Mide entre 20 y 35 cm de diámetro y 70 cm de longitud incluyendo la cola
Dieta	Gracias a sus dientes puede triturar los caparazones de los crustáceos o las conchas de los moluscos

El rasgo más llamativo de esta especie son sus grandes manchas azules y brillantes, a lo largo de toda la parte dorsal de su cuerpo. Son una señal de advertencia, ya que en la punta de su cola ¡tiene dos espinas afiladas y venenosas!

SOCIABILIDAD
Sola o en pequeños grupos

TERRITORIAL
No

MODO DE VIDA
Diurno

28 RAYA JASPEADA
Con un vestido de puntos blancos

La raya jaspeada (*Aetobatus narinari*) es un tipo de raya águila que habita en aguas tropicales y templadas de todo el mundo.

Dimensiones	¡Estos peces pueden alcanzar una envergadura de 3 m y un peso de 230 kg!
Dieta	Su alimento principal son almejas, cangrejos, caracoles, gusanos y otros animales que viven sobre el fondo marino o enterrados en la arena

Esta raya puede ser identificada gracias a sus múltiples puntos blancos esparcidos sobre la parte dorsal, la cual es de color negro o azul oscuro.

Presenta una cola delgada y muy larga como si fuera un látigo. En la base de esta cola, cuentan con dos o seis espinas venenosas.

SOCIABILIDAD
Grandes grupos

TERRITORIAL
No

MODO DE VIDA
Nocturno

29 PEZ SIERRA

Armados con una sierra

La sierra funciona como una herramienta multifuncional de caza y como arma de defensa contra sus depredadores.

Su rasgo más representativo es su hocico alargado en forma de espada, del cual surgen entre 14 o 24 dientes.

El pez sierra (*Pristis pristis*) es una especie que habitaba en muchas regiones costeras tropicales y subtropicales del mundo. Sin embargo, hoy en día se encuentra en peligro crítico de extinción.

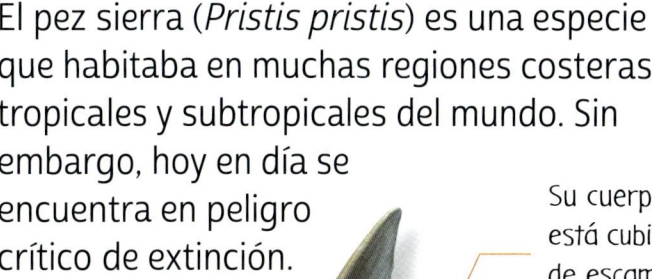

Su cuerpo está cubierto de escamas.

SOCIABILIDAD
En bancos

TERRITORIAL
No

MODO DE VIDA
Nocturno

Dimensiones	Los peces sierra crecen hasta alcanzar los 7 m de longitud y pesan entre 500 y 600 kg
Dieta	Comen pequeños peces o crustáceos

30 PEZ GUITARRA

Una curiosa forma de guitarra

Dimensiones	Puede alcanzar 1,5 m de tamaño máximo
Dieta	Buscan gusanos, crustáceos, almejas y peces pequeños que estén escondidos en el fondo marino

El pez guitarra (*Rhinobatos rhinobatos*) es una especie que habita en zonas costeras poco profundas. Vive en las regiones de fondos arenosos, donde puede ocultarse gracias a su aspecto aplanado.

SOCIABILIDAD
Pequeños grupos

TERRITORIAL
No

MODO DE VIDA
Nocturno

En su morro presenta unos organos especiales, las ampollas de Lorenzini, con las que detecta la actividad eléctrica producida de forma involuntaria por sus presas.

Estos animales tienen una curiosa forma que recuerda a la de un tiburón en la parte posterior, mientras que la parte anterior es aplanada como las rayas. Su hocico es puntiagudo y tiene aspecto de pala.

31 BALLENA AZUL

Los animales más grandes de la Tierra

SOCIABILIDAD
En solitario o en parejas

TERRITORIAL
No

MODO DE VIDA
Diurno y nocturno

La ballena azul (*Balaenoptera musculus*) es un cetáceo enorme. ¡Son los animales más grandes de la Tierra! Incluso son mayores que la mayoría de los extinguidos dinosaurios.

A diferencia de otros cetáceos, como los delfines o las orcas, la ballena azul no tiene dientes. En cambio, posee unas estructuras llamadas barbas, que son láminas de queratina que cuelgan de su paladar superior. Estas barbas actúan como un filtro, permitiendo que el agua salga mientras retienen su alimento.

Dimensiones	Algunos ejemplares alcanzan la sorprendente talla de 20 m y 170 toneladas de peso
Dieta	Se alimentan filtrando el agua, capturando krill y otros pequeños organismos marinos

Aquí se puede ver una comparación entre el tamaño de la ballena azul y algunos otros animales del planeta y el hombre.

BALLENA GRIS

Increíbles viajeros marinos

Las ballenas grises (*Eschrichtius robustus*) son cetáceos que podemos encontrar en el norte del océano Pacífico, en las costas de América y Asia.

Dimensiones	¡Estos mamíferos pueden medir 15 m de largo y pesar hasta 20 toneladas!
Dieta	Se alimenta de krill, pequeños crustáceos, peces y plancton

■ Las ballenas grises son los mamíferos que realizan la migración anual más larga. En una ocasión, se registró un ejemplar que ¡realizó un viaje de ida y vuelta de 22 000 km! Durante el verano, viajan hacia los mares del norte para alimentarse, mientras que en invierno se dirigen a zonas cálidas para criar.

SOCIABILIDAD
En pequeños grupos

TERRITORIAL
No

MODO DE VIDA
Diurno

BALLENA JOROBADA O YUBARTA

Grandes cantantes del mar

Las ballenas jorobadas o yubarta (*Megaptera novaeangliae*) habitan en todos los océanos del mundo, tanto en aguas polares como tropicales.

Dimensiones	Estos cetáceos miden aproximadamente 15 m de longitud y pesan alrededor de 40 toneladas
Dieta	Puede alimentarse de plancton o de peces

■ Los machos de ballenas jorobadas son famosos por los elaborados cantos que realizan durante la época de reproducción. Dichos cantos son considerados una de las formas de comunicación más complejas del reino animal.

SOCIABILIDAD
Solitaria

TERRITORIAL
No

MODO DE VIDA
Diurna y nocturna

34 RORCUAL COMÚN Grande, pero esbelta

El rorcual común (*Balaenoptera physalus*) es una especie de cetáceo que habita en los océanos principales.

Estas ballenas son los segundos mamíferos más grandes de la Tierra, después de las ballenas azules.

Los rorcuales también cuentan con unas grandes bocas. En especial, sus gargantas pueden expandirse gracias a unos cien pliegues que al estirarse crean una gran cavidad bucal.

SOCIABILIDAD
Solo o en pequeños grupos

TERRITORIAL
No

MODO DE VIDA
Diurno

Dimensiones	¡Crecen hasta alcanzar 20 m de longitud y pesar aproximadamente 70 toneladas!
Dieta	Estas ballenas filtran muchísimos litros de agua para capturar pequeños animales

35 BALLENA FRANCA AUSTRAL

Exploradoras de las aguas antárticas

Dimensiones	Pueden medir entre 2 y 6 m de longitud y pesar hasta 500 kg
Dieta	Estos depredadores se alimentan de una gran variedad de peces, entre los que se incluyen sardinas, anchoas, caballas o merluzas

Las ballenas francas australes (*Eubalaena australis*) habitan en las aguas de la Antártida, donde pasan el verano alimentándose. Durante el invierno, migran hacia las costas de América, África y Australia para reproducirse.

SOCIABILIDAD
Grupos poco numerosos

TERRITORIAL
No

MODO DE VIDA
Diurno

VAQUITA MARINA

El cetáceo más amenazado del mundo

La vaquita marina (*Phocoena sinus*) es el cetáceo más pequeño del planeta. Esta especie vive únicamente en el norte del golfo de California o mar de Cortés, concretamente en aguas poco profundas y cercanas a la costa.

El aspecto de la vaquita marina es similar al de otras marsopas. Su piel es de color grisáceo en la parte dorsal, pero se va desvaneciendo hacia tonos blancos en la parte ventral. Además, presentan líneas negras alrededor de su boca y ojos.

SOCIABILIDAD
Solitaria o en pequeños grupos

TERRITORIAL
No

MODO DE VIDA
Diurno

Dimensiones	No llega a crecer más de 1,5 m de largo y pesa hasta 50 kg
Dieta	Su principal alimento son peces y calamares

Se sabe muy poco acerca de las vaquitas marinas. Gracias a la ecolocalización son capaces de nadar en aguas turbias o comunicarse entre sí.

Esta especie se encuentra en peligro crítico de extinción debido al impacto de la pesca accidental. En 2019 no quedaban más de 15 animales en todo el mundo. Su mayor amenaza es la pesca de un pez conocido como totoaba (*Totoaba macdonaldi*), ya que las vaquitas marinas corren el riesgo de quedar en las redes de pesca utilizadas.

EEUU

Alto Golfo de California

MÉXICO

CIUDAD DE MÉXICO

CACHALOTE

Cazador de calamares gigantes

Los cachalotes (*Physeter macrocephalus*) son unos increíbles cetáceos que podemos encontrar en todos los océanos, salvo en el Ártico y Antártico.

La cabeza de los cachalotes es uno de sus rasgos más característicos. Su gran tamaño y forma es debido a que en su interior contiene un órgano conocido como espermaceti. Gracias a esta adaptación, son capaces de registrar mejor las señales producidas por su ecolocalización.

Dimensiones	Son animales de gran tamaño, los cuales pueden ¡crecer hasta 20 m de longitud y pesar más de 50 toneladas!
Dieta	Su alimento favorito: ¡calamares gigantes!

Estos cetáceos son grandes buceadores, capaces de permanecer sumergidos durante 20 minutos o incluso más de una hora. Durante sus inmersiones pueden alcanzar una profundidad de 1000 m.

SOCIABILIDAD
Los machos viven solos, las hembras y las crías en grupo

TERRITORIAL
Sí

MODO DE VIDA
Diurno y nocturno

ORCA

Unas astutas cazadoras

Las orcas (*Orcinus orca*) son una especie de cetáceo dentado u odontoceto que habita en todos los océanos del mundo.

SOCIABILIDAD
En grupos

TERRITORIAL
No

MODO DE VIDA
Activas de día y de noche

Su apariencia es inconfundible, caracterizada por un marcado contraste de colores en su cuerpo: negro en la parte dorsal y blanco en la parte ventral.

Dimensiones	Son animales de gran tamaño, los cuales pueden ¡crecer hasta 20 m de longitud y pesar más de 50 toneladas!
Dieta	Se alimentan de peces como atún y salmón, pero también son conocidas por cazar y capturar presas más grandes como tiburones y ballenas

Además, poseen aletas dorsales distintivamente altas y una cabeza redondeada.

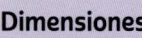

39 NARVAL — Un unicornio marino

El narval (*Monodon monoceros*) es una especie de cetáceo que vive en las aguas del océano Ártico y el norte del Atlántico.

 **SOCIABILIDAD**
Grupos de seis a 20 individuos

 **TERRITORIAL**
No

 **MODO DE VIDA**
Diurno y nocturno

El rasgo más distintivo de los narvales es un gran colmillo, que puede crecer hasta 3 m de longitud y pesar alrededor de 10 kg.

■ Durante el verano, los narvales viajan hacia el norte del Ártico, pero regresan cuando se acerca el invierno para así evitar quedar atrapados por las capas de hielo marino.

Dimensiones	Estos mamíferos marinos pueden crecer hasta alcanzar una longitud de 5 m y un peso de 900 kg o más
Dieta	Esta especie se alimenta de peces como el bacalao y calamares

40 BELUGA — El cetáceo más blanco

La beluga (*Delphinapterus leucas*) es un cetáceo característico que podemos hallar en las frías aguas del océano Ártico.

Dimensiones	Esta especie puede medir entre 3 y 7 m de longitud y pesar alrededor de 1500 kg
Dieta	Salmones, arenques y bacalaos

 **SOCIABILIDAD**
Muy sociable

TERRITORIAL
No

MODO DE VIDA
Diurno y nocturno

■ La beluga también recibe el nombre de ballena blanca, ya que el color de su piel es increíblemente blanco. Pero las crías de esta especie presentan un color grisáceo, que se va desvaneciendo poco a poco.

Estos cetáceos cuentan con una capa de grasa de unos ¡15 cm de espesor! para así soportar el frío. Otro rasgo llamativo es su frente en forma de melón, la cual les ayuda a amplificar la ecolocalización.

41 COCODRILO MARINO

El reptil más grande del mundo

Dimensiones	¡Puede medir hasta 7 m de longitud y llegar a pesar 1500 kg!
Dieta	Estos reptiles son depredadores que se sirven de una poderosa cabeza y fuerza para capturar a sus presas. De adultos, se alimentan de grandes animales como serpientes, tortugas, aves, monos, jabalíes y búfalos. Cuando son jóvenes, su dieta se compone de cangrejos, insectos, anfibios, peces y otros reptiles

El cocodrilo marino (*Crocodylus porosus*) habita en el norte de Australia y en islas de Oceanía e Indonesia. Generalmente, se encuentra en regiones costeras y desembocaduras de ríos, pero, al ser unos excelentes nadadores, son capaces de internarse varios kilómetros en el mar.

SOCIABILIDAD
Nada sociable

TERRITORIAL
Sí

MODO DE VIDA
Nocturno

El cocodrilo de agua salada caza mediante emboscadas. Se esconde bajo el agua, dejando solo fuera las fosas nasales y los ojos. Cuando una presa se acerca lo suficiente, la sorprende con un rápido movimiento y la arrastra bajo el agua.

Cada hembra pondrá entre 40 y 60 huevos en nidos que entierran con vegetación y barro. Cuando los bebés cocodrilos nacen, las madres les ayudan a salir y los transportan hasta el agua llevándolas en la boca.

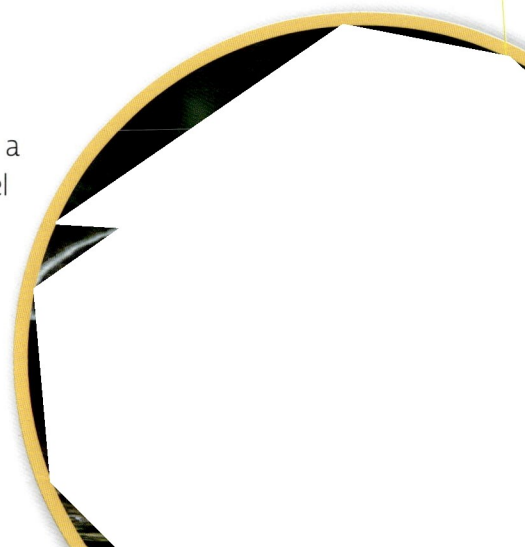

42 TORTUGA LAÚD — La tortuga marina más grande

La tortuga laúd (*Dermochelys coriacea*) es la tortuga marina de mayor tamaño. Estos reptiles habitan en los principales océanos de la Tierra, en las regiones subtropicales y tropicales.

Dimensiones	¡Puede medir 2 m de longitud y pesar 600 kg!
Dieta	¡Les encanta comer medusas melena de león gigante (*Cyanea capillata*)!

 SOCIABILIDAD
Son solitarias

 TERRITORIAL
No

 **MODO DE VIDA**
Diurna

■ Esta especie es fácilmente reconocible porque su caparazón se halla debajo de una piel de color oscuro. En su lomo presenta hasta siete crestas pronunciadas.

43 TORTUGA VERDE — Viajera increíble

Las tortugas verdes (*Chelonia mydas*) son reptiles marinos que habitan en aguas subtropicales y tropicales de los océanos Atlántico y Pacífico.

Dimensiones	Esta especie puede crecer hasta alcanzar una longitud de 1,5 m y pesar hasta 190 kg
Dieta	Les gusta comer la vegetación o algas

■ Como hacen otras muchas tortugas marinas, esta especie regresa a las playas donde nacieron para poner sus huevos.

 SOCIABILIDAD
Son solitarias

 TERRITORIAL
No

 **MODO DE VIDA**
Diurna

44 SERPIENTE MARINA
Una serpiente fascinante

La serpiente marina de labios amarillos (*Laticauda colobrina*) es un curioso reptil que podemos encontrar desde la costa este de India hasta el norte de Australia. Habita en lugares con arrecifes de coral, ya que pasa la mayor parte del tiempo en el agua.

Dimensiones	Miden 1,5 m de largo
Dieta	El alimento principal de estas serpientes son las anguilas

Es capaz de bucear hasta 60 m de profundidad. Cuando encuentra una presa, la muerde para así inyectarle un potente veneno.

Su cuerpo es de color gris azulado, además de presentar una serie de rayas negras en toda su longitud. También destacan unas bandas amarillas alrededor de la boca y ojos. Su cola tiene forma de paleta, para así poder nadar mejor.

SOCIABILIDAD
Solitaria

TERRITORIAL
Sí

MODO DE VIDA
Diurno y nocturno

45 IGUANA MARINA
Un reptil único

La iguana marina (*Amblyrhynchus cristatus*) es un reptil que solo habita en las islas Galápagos. Los ejemplares más grandes bucean en el mar para encontrar las aguas que más les gustan. ¡Pueden bucear hasta una profundidad de 30 m! Los más pequeños esperan a que baje la marea para comer en la playa.

Las aguas donde nadan las iguanas marinas son demasiado frías para un reptil, ya que estos animales no son de sangre caliente. Por eso, presentan una piel de color oscuro que les ayuda a absorber más calor cuando están tomando el sol.

Dimensiones	Los machos alcanzan 2,3 m de longitud y unos 15 kg de peso
Dieta	Esta especie se alimenta de forma casi exclusiva de algas marinas

SOCIABILIDAD
Solitarios

TERRITORIAL
Sí

MODO DE VIDA
Diurno y nocturno

46 FOCA LEOPARDO

Un depredador de la Antártida

SOCIABILIDAD
Agresiva y solitaria

TERRITORIAL
Sí

MODO DE VIDA
Diurno y nocturno

La foca leopardo (*Hydrurga leptonyx*) es un cazador formidable que habita en las costas y el hielo marino que rodea la Antártida. Su cuerpo delgado y largo les permite nadar de forma ágil.

Dimensiones	¡Estos animales pueden crecer hasta 3 m de longitud y pesar aproximadamente 300 kg!
Dieta	La dieta de las focas leopardo incluye krill y calamares, pero también crías de otras focas y pingüinos

■ Cuando encuentran una colonia de focas o pingüinos, se ocultan entre el hielo marino y esperan pacientemente a que las presas se acerquen al borde. ¡Entonces, las capturan con un ágil y rápido ataque!

■ Estos animales cuentan con una gruesa capa de grasa, que sirve como aislante para protegerse del gélido frío antártico. También tienen unos colmillos impresionantes que miden aproximadamente 2,5 cm.

Su pelaje es de color gris oscuro en la parte dorsal, mientras que la parte ventral es clara y presenta múltiples manchas negras. Las focas leopardo también tienen un largo hocico, el cual les resulta muy útil para capturar a sus presas.

Las focas leopardo tienen los dientes de punta y muy largos para poder desgarrar a sus presas.

47 FOCA CAPUCHINA

Una foca realmente extraña

La foca capuchina (*Cystophora cristata*) es un mamífero marino que podemos encontrar en las aguas más frías del océano Atlántico norte y el Ártico.

Para llamar la atención de las chicas de su especie el macho infla un gran globo en forma de saco que sale de sus fosas nasales.

Dimensiones	Los machos de esta especie miden más de 2 m de longitud y pesan hasta 300 kg, mientras que las hembras son un poco más pequeñas
Dieta	Se alimentan de camarones, bacalaos y calamares

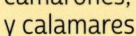

SOCIABILIDAD
Solitaria

TERRITORIAL
Sí

MODO DE VIDA
Diurna y nocturna

48 ELEFANTE MARINO

Unos animales enormes

Dimensiones	¡Pueden crecer hasta alcanzar 6 m de largo y pesar más de 3 toneladas!
Dieta	Su presa favorita son los calamares

Los elefantes marinos (*Mirounga leonina*) habitan en la costa de la Antártida e islas situadas en las regiones más al sur de los océanos principales.

SOCIABILIDAD
Solitario en el mar, sociable en la playa

TERRITORIAL
Sí

MODO DE VIDA
Nocturno

Los machos se diferencian de las hembras por sus probóscides, las cuales les permiten emitir un fuerte rugido.

A pesar de su gran tamaño, la forma de su cuerpo y las aletas les permiten ser muy buenos nadadores. Son capaces de sumergirse hasta una profundidad de 1000 m.

49 MORSA Famosa por sus colmillos

Las morsas (*Odobenus rosmarus*) son mamíferos marinos que viven en la fría región del océano Ártico. ¡Cuentan con una capa de grasa de hasta 20 cm de grosor!

Dimensiones	Los machos de esta especie alcanzan una longitud de unos 3 m y un peso de más de una tonelada, mientras que las hembras tienen una talla algo menor
Dieta	Se zambullen en el mar para buscar su presa favorita: almejas

El rasgo más llamativo de las morsas son sus impresionantes colmillos. Tanto los machos como las hembras tienen colmillos que pueden medir entre 50 cm y 1 m de largo. Los utilizan para defenderse de los depredadores o luchar entre ellos.

SOCIABILIDAD
Muy sociable

TERRITORIAL
Sí

MODO DE VIDA
Diurna

50 LEÓN MARINO CALIFORNIANO

Rápidos y ágiles nadadores

Dimensiones	Miden alrededor de 2 m de longitud y llegan a pesar entre 200 y 300 kg
Dieta	Su alimento principal son pequeños peces, como sardinas, anchoas y arenques, aunque también pueden comer calamares u otros pequeños animales marinos

El león marino californiano (*Zalophus californianus*) es una especie de mamífero marino que habita a lo largo de la costa oeste de América del Norte, desde Canadá hasta México.

Durante la época de reproducción, estos animales se reúnen en grandes colonias donde los machos compiten entre ellos para controlar el territorio y las hembras que allí se encuentran.

Gracias a sus sensibles bigotes, son capaces de detectar a sus presas bajo el agua.

SOCIABILIDAD
Muy sociable

TERRITORIAL
Sí

MODO DE VIDA
Diurno

 **MANATÍ DEL CARIBE**

Un curioso animal marino

 **SOCIABILIDAD**
Sociable

TERRITORIAL
No

 **MODO DE VIDA**
Diurno y nocturno

El manatí del Caribe (*Trichechus manatus*) es un curioso mamífero que habita las costas del sudeste de Estados Unidos, islas caribeñas, Centroamérica y América del Sur.

Dimensiones	Son animales grandes, que pueden crecer aproximadamente hasta los 3 m de longitud y pesar 600 kg o más
Dieta	El alimento principal de los manatíes son los pastos marinos que crecen en el fondo del mar. Pueden pasar entre seis u ocho horas diarias pastando, llegando incluso a ¡consumir 100 kg de vegetación al día!

Otro rasgo de estos animales es el escaso pelo que presentan en todo su cuerpo. La capa de piel más superficial se les desprende de forma continua, para así evitar que le ¡crezcan algas encima!

A pesar de su aspecto y tamaño, los manatíes son nadadores ágiles. Les gusta hacer giros, piruetas o incluso ¡nadar boca arriba! Son capaces de realizar estas maniobras gracias a su gran cola en forma de abanico.

52 DUGONGO
Parecen vacas marinas

Los dugongos (*Dugong dugon*) pertenecen al grupo de los sirénidos, al igual que los manatíes. Esta especie habita en las costas de los océanos Índico y Pacífico. Habitan aguas poco profundas de la costa, donde la profundidad no suele ser superior a 10 m.

Un truco para diferenciar a un dugongo de un manatí consiste en mirar sus colas. La cola de un dugongo se parece a la de un delfín.

Dimensiones	Los dugongos crecen hasta un máximo de 4 m de longitud y pueden llegar a pesar hasta 400 kg
Dieta	Su alimento principal son los pastos marinos, por lo que se trata de animales herbívoros.

SOCIABILIDAD
Solo o en parejas, a veces en grandes manadas

TERRITORIAL
No

MODO DE VIDA
Nocturno

53 NUTRIA MARINA
Unas criaturas muy habilidosas

Las nutrias marinas (*Enhydra lutris*) son unos animales increíbles que habitan en las costas norte del océano Pacífico, desde California hasta Rusia.

Dimensiones	Miden alrededor de 1,5 m de largo y pesan unos 30 kg
Dieta	Se alimentan de erizos de mar, estrellas de mar, lapas, mejillones, quitones, vieiras, cangrejos, pulpos, calamares y peces

SOCIABILIDAD
En grupos

TERRITORIAL
Sí

MODO DE VIDA
Diurno

54 PINGÜINO BARBIJO
Perfectamente preparados para el frío

El pingüino barbijo (*Pygoscelis antarcticus*) es una especie de ave que habita diversas islas de la región subantártica. Se diferencia de otros pingüinos porque tiene una línea negra en la parte baja de la cabeza. ¡Parece que tiene puesto un casco!

■ Los pingüinos barbijo cuentan con una capa de plumas cortas y densas que son muy útiles como aislamiento e impermeable. Además, también tienen una gruesa capa de grasa.

Dimensiones	Esta especie mide alrededor de 70 cm de altura y pesa entre 3 y 5 kg
Dieta	A estas aves les gusta comer krill, peces y calamares

SOCIABILIDAD
Muy sociable, vive en enormes colonias

TERRITORIAL
Sí

MODO DE VIDA
Diurno

55 PINGÜINO MACARONI — Grandes buceadores

El pingüino macaroni (*Eudyptes chrysolophus*) es una especie que podemos hallar en las islas localizadas en la región subantártica. Su rasgo más característico es su cresta amarilla o anaranjada.

■ Los pingüinos macaroni presentan diversas adaptaciones para zambullirse en el mar. Su visión es excelente para ver bajo el agua, logrando así detectar a sus presas, pero también a depredadores como las focas leopardo.

Dimensiones	Estas aves miden alrededor de 70 cm de altura y pesan cerca de 6 kg
Dieta	Buscan presas como krill o calamares

SOCIABILIDAD
Colonias numerosas

TERRITORIAL
Sí

MODO DE VIDA
Diurno

PEZ LEÓN

Un voraz depredador de los arrecifes

El pez león (*Pterois volitans*) es una especie que podemos encontrar en arrecifes de coral de los océanos Índico y Pacífico.

Esta especie es un voraz depredador. Cuando cazan, los peces león usan sus aletas en forma de abanico para acorralar a sus presas, a las que engullen con un rápido movimiento.

Los peces león suelen cazar durante el atardecer. En ese momento del día, los animales del arrecife se desplazan hasta sus zonas de descanso por la noche. Estos depredadores aprovechan para nadar lentamente entre los corales y atrapar a las presas desprevenidas.

Este pez ha sido introducido en la costa este de América y en el mar Mediterráneo. Debido a su papel como depredador, supone una grave amenaza en los lugares donde se considera una especie invasora.

El pez león carece de depredadores debido a su pequeño tamaño, su veneno y su aspecto amenazante.

Dimensiones	Estos peces crecen hasta alcanzar una longitud de 40 cm
Dieta	Caza crustáceos, peces pequeños y otros animales del arrecife

El cuerpo del pez león está adornado con rayas de color rojizo o marrón dorado. Este aspecto es una señal para advertir que ¡tiene espinas venenosas en sus aletas dorsales! Gracias a esta defensa evita que otros depredadores más grandes, como los tiburones, se los coman.

SOCIABILIDAD
Solitario

TERRITORIAL
Sí

MODO DE VIDA
Nocturno

57 PEZ ERIZO

Protegido por múltiples pinchos

Dimensiones	Se trata de un pez capaz de crecer hasta los 60 cm de longitud
Dieta	Se alimenta de moluscos, erizos y cangrejos

El pez erizo (*Diodon holocanthus*) es una especie que habita en aguas tropicales de todo el mundo. Pueden vivir en prados marinos, arrecifes de coral y zonas de manglares.

SOCIABILIDAD
Poco sociable

TERRITORIAL
Sí

MODO DE VIDA
Nocturno

Este pez es famoso porque ¡puede hincharse como un globo cuando se siente amenazado! De esta manera, se vuelve mucho más difícil de tragar para sus depredadores y los mantiene alejados.

Gracias a su coloración y a su forma, el pez erizo puede confundirse con las rocas y el fondo marino, lo que le permite pasar desapercibido a sus depredadores.

58 PEZ GLOBO O *FUGU*

Un pez muy venenoso

Los peces globo o fugu (*Takifugu*) son un grupo de especies que habitan principalmente al noreste del océano Pacífico.

Es el tercer vertebrado más venenoso del mundo, después de la rana dorada y el pez piedra.

Dimensiones	Pueden medir de 30 a 50 cm
Dieta	Su dieta es variada, incluyendo algas, moluscos, crustáceos y otros pequeños animales marinos

SOCIABILIDAD
Nada sociable

TERRITORIAL
Sí

MODO DE VIDA
Nocturno

59 PEZ VACA

Parece una vaca

El pez vaca o pez cofre cornudo (*Lactoria cornuta*) vive en las costas de los océanos Índico y Pacífico. Su rasgo más característico son los largos cuernos que sobresalen de su cabeza y que recuerdan a los de una vaca.

Dimensiones	Esta especie puede crecer hasta alcanzar una longitud de 50 cm
Dieta	Se trata de una especie omnívora, la cual se alimenta de diversas algas y pequeños animales que habitan sobre las rocas o el sedimento del fondo marino

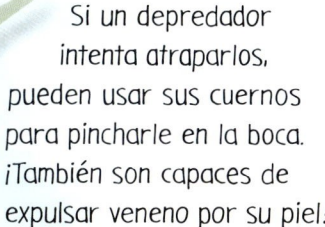

Si un depredador intenta atraparlos, pueden usar sus cuernos para pincharle en la boca. ¡También son capaces de expulsar veneno por su piel!

Las escamas de estos peces están fusionadas, formando así un caparazón sólido que le sirve como defensa.

SOCIABILIDAD
Solitarios cuando son adultos, los juveniles forman pequeños grupos

TERRITORIAL
Sí

MODO DE VIDA
Diurno

¡Son capaces de nadar hacia atrás como un helicóptero!

60 PEZ GLOBO DE MANCHAS BLANCAS
Un increíble artista

Dimensiones	Crece hasta 40 cm
Dieta	Caracoles, gusanos y algas

El pez globo de manchas blancas (*Torquigener albomaculosus*) es una especie muy curiosa que habita en las aguas oceánicas que están alrededor de la isla Ryukyu (Japón). Vive en entornos poco profundos y con fondos de arena.

SOCIABILIDAD
Solitario

Estos peces pasan días arando y aleteando arena en grandes rosetas geométricas para darle la bienvenida a sus visitantes femeninas.

TERRITORIAL
Sí

MODO DE VIDA
Diurno

61 RAPE COMÚN

Un maestro de las emboscadas

El rape común (*Lophius piscatorius*) es una especie de pez que habita en aguas del océano Atlántico norte y el mar Mediterráneo.

SOCIABILIDAD
Solitario

TERRITORIAL
Sí

MODO DE VIDA
Diurno

Dimensiones — Estos animales pueden crecer hasta alcanzar los 60 cm de longitud

Dieta — Se alimentan de otras especies de peces

El cuerpo de los rapes es plano, delgado y sin escamas. La parte dorsal tiene un patrón de camuflaje que recuerda a la arena del fondo marino. Gracias a este aspecto, se ocultan entre la arena o el barro, lugar donde permanecen semi enterrados la mayor parte del tiempo.

Otro de los rasgos más característicos de los rapes es su gran boca ancha con múltiples dientes.

Los rapes cuentan con un señuelo, conocido como illicium, sobre sus cabezas que usan para atraer a las presas. Gracias a esta adaptación, estos peces tan solo deben encontrar un buen sitio, esconderse, mover el señuelo y esperar. Cuando una presa se encuentra lo suficientemente cerca, ¡la atrapa de un gran bocado!

Las hembras de esta especie ponen entre 300 000 y 2 800 000 huevos en un largo hilo gelatinoso que mide entre 7 y 9 m de largo. Esta estructura gelatinosa contiene sustancias tóxicas o desagradables para evitar a los depredadores.

62 PEZ SAPO

Un maestro del camuflaje

Los peces sapo (*Antennarius*) son un curioso grupo de peces que podemos encontrar en aguas tropicales con arrecifes de coral del océano Atlántico, Índico y Pacífico.

Dimensiones	Estos peces no llegan a crecer más de 20 cm de longitud
Dieta	Se alimenta de peces, moluscos y crustáceos

SOCIABILIDAD
Solitario

TERRITORIAL
No

MODO DE VIDA
Nocturno

Estos peces son maestros de la paciencia. Para cazar, se mueven lentamente por los corales, esponjas y rocas del fondo, a los cuales se agarra gracias a sus aletas, y permanece quieto en el lugar más adecuado.

63 PEZ ESCORPIÓN

Cuidado con sus espinas venenosas

El pez escorpión (*Rhinopias frondosa*) es una especie que habita en el océano Índico y al oeste del océano Pacífico. Principalmente, vive en arrecifes de coral.

Dimensiones	Se trata de una especie de tamaño pequeño, cuya longitud ronda entre los 10 y 20 cm
Dieta	Se alimentan principalmente de crustáceos y peces más pequeños

Estos peces son depredadores que cazan realizando emboscadas. Gracias a su aspecto, pueden camuflarse en el arrecife mientras esperan a que se acerquen las presas.

SOCIABILIDAD
Solitario

TERRITORIAL
Sí

MODO DE VIDA
Nocturno

64 PEZ PIEDRA

Una piedra venenosa en el fondo del mar

El pez piedra (*Synanceia verrucosa*) es una especie que podemos hallar en las costas del océano Pacífico e Índico, así como en el mar Rojo.

Dimensiones	Estos peces pueden crecer hasta alcanzar una longitud de entre 30 y 40 cm
Dieta	Los peces piedra se alimentan de pequeños peces y crustáceos

SOCIABILIDAD
Puede interactuar con otros peces

TERRITORIAL
Generalmente pacífico

MODO DE VIDA
Diurno

Esta especie es el pez más venenoso del mundo. En su aleta dorsal, tiene entre 12 y 14 púas en cuya base hay glándulas que segregan veneno. Gracias a esta adaptación evita que le ataquen otros depredadores.

65 PEZ DRAGÓN

Un pez muy extraño

El pez dragón (*Eurypegasus draconis*) es una especie de pez muy curiosa que habita en aguas tropicales del océano Índico y Pacífico, además del mar Rojo.

Dimensiones	Son animales muy pequeños, que no superan los 10 cm de longitud.
Dieta	Gracias a su boca en forma de tubo puede succionar gusanos y otros pequeños invertebrados que se hallan entre los sedimentos o las rocas

El cuerpo de los peces dragón es aplanado, destacando también unas grandes aletas pectorales con forma de alas.

SOCIABILIDAD
Sí

TERRITORIAL
Sí, con otros peces dragón

MODO DE VIDA
Nocturno

DRAGÓN DE MAR FOLIADO

Parece un alga flotando

El dragón de mar foliado (*Phycodurus eques*) es un extraño pez que podemos encontrar solo en las costas del sur de Australia. Esta especie es pariente de los caballitos de mar y tiene un tamaño pequeño.

Dimensiones	Miden alrededor de 30 cm de longitud
Dieta	Se alimentan de plancton, algas y otros pequeños organismos marinos

SOCIABILIDAD
Solitario o en pareja

TERRITORIAL
Sí

MODO DE VIDA
Diurno

Vive en lugares con poca profundidad y donde abunda la vegetación acuática como, por ejemplo, las praderas marinas, bosques de algas y arrecifes de coral.

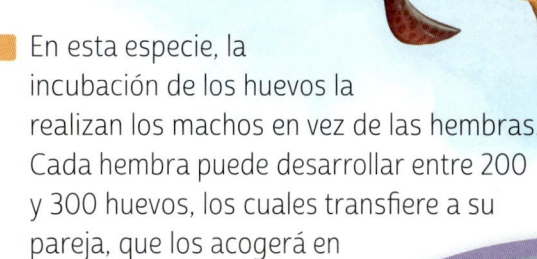

En esta especie, la incubación de los huevos la realizan los machos en vez de las hembras. Cada hembra puede desarrollar entre 200 y 300 huevos, los cuales transfiere a su pareja, que los acogerá en una estructura especial situada en su cola.

El cuerpo de los dragones de mar foliados está decorado con unas prolongaciones que imitan el aspecto de las algas entre las que se oculta. También tiene un color muy similar al de las algas. Gracias a este camuflaje evita ser visto por los depredadores. ¡Cuando nada también asemeja ser un alga flotando!

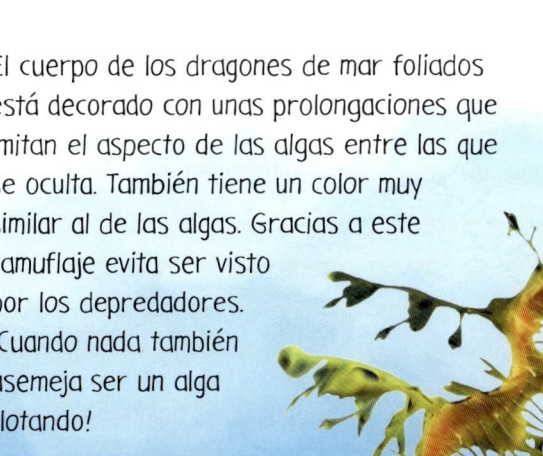

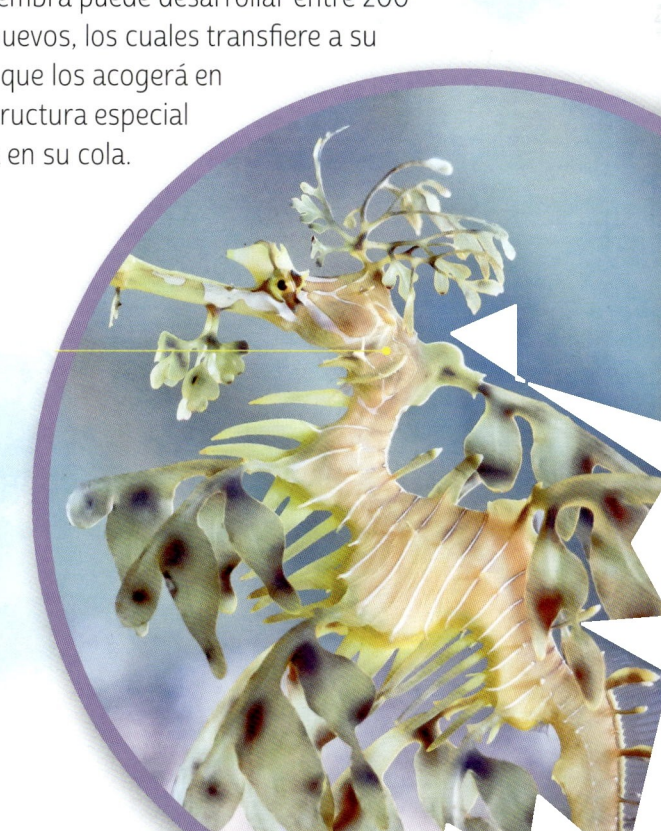

67 CABALLITO DE MAR PIGMEO

El caballito de mar pigmeo (*Hippocampus bargibanti*) es un pequeñísimo pez que habita en algunas costas de los océanos Pacífico e Índico. Viven exclusivamente sobre corales con forma de abanico.

!Son diminutos!

Dimensiones	Los adultos de esta especie no miden más de 2 cm de longitud
Dieta	Se alimenta de microorganismos marinos

Gracias a su camuflaje y tamaño, esta especie es muy difícil de detectar. De hecho, no fue descubierta hasta el año 1969, cuando un investigador estaba estudiando corales en un laboratorio y ¡encontró por casualidad a los caballitos de mar pigmeos!

SOCIABILIDAD
Solitario o en pareja

TERRITORIAL
No

MODO DE VIDA
Diurno

68 CABALLITO DE MAR COMÚN

Unos papás ejemplares

El caballito de mar común (*Hippocampus hippocampus*) es una especie propia del mar Mediterráneo o algunas regiones del océano Atlántico norte. Suele vivir en aguas poco profundas donde abundan los pastos marinos.

Su larga cola les resulta muy útil para agarrarse a los tallos de algas o plantas marinas donde viven.

Dimensiones	Estos animales pueden crecer hasta alcanzar unos 15 cm de longitud
Dieta	Se alimentan de pequeños crustáceos

SOCIABILIDAD
Solo o en pareja

TERRITORIAL
Sí

MODO DE VIDA
Diurno

PEZ PIPA FANTASMA
69 Pequeños cazadores sigilosos

El pez pipa fantasma (*Solenostomus paradoxus*) es una especie que podemos hallar en las costas del océano Pacífico y el mar Rojo.

Dimensiones	Las hembras de esta especie miden unos 12 cm de longitud, aunque los machos son algo más pequeños
Dieta	Absorben pequeños crustáceos con su larga boca

Habitan principalmente en aguas poco profundas, donde crecen arrecifes de coral o bosques de algas, en los cuales se camufla con facilidad.

SOCIABILIDAD
Solo o en pareja

TERRITORIAL
Sí

MODO DE VIDA
Diurno

Su cuerpo, incluido el hocico, es alargado y está cubierto de múltiples apéndices que les hace parecer un alga flotando. Además, presentan colores negros, rojizos, anaranjados y amarillos.

LENGUADO COMÚN
70 Ocultos entre la arena

El lenguado común (*Solea solea*) es una famosa especie que vive en los fondos marinos arenosos del océano Atlántico norte y el mar Mediterráneo.

SOCIABILIDAD
Solitario

TERRITORIAL
No

MODO DE VIDA
Nocturno

Gracias a su cuerpo plano, se oculta en la arena para evitar a los depredadores. Además, tiene una coloración marrón, la cual también resulta muy útil para camuflarse. Cuando encuentra un sitio seguro, usa las aletas para enterrarse y solo deja al descubierto sus ojos para estar atento a cualquier peligro.

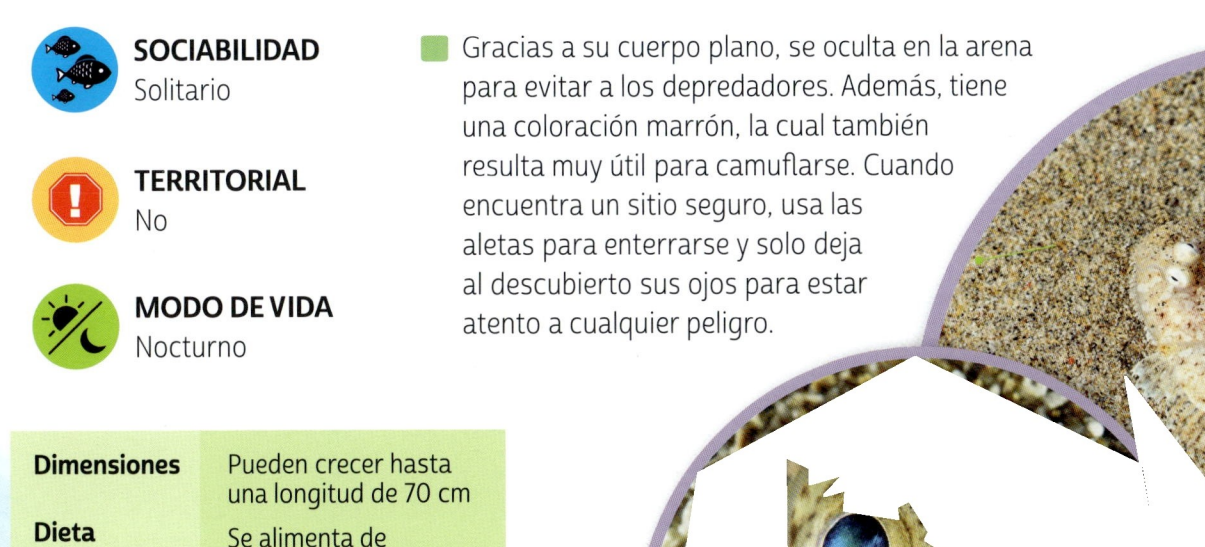

Dimensiones	Pueden crecer hasta una longitud de 70 cm
Dieta	Se alimenta de pequeños peces e invertebrados del fondo marino

71 RAPE ABISAL

Criaturas de un extraño hábitat

El rape abisal o diablo negro (*Melanocetus johnsonii*) vive a gran profundidad, entre 500 y 4000 m, donde no llega la luz del Sol. Su distribución es global, encontrándose en zonas templadas y tropicales de todos los océanos de la Tierra.

SOCIABILIDAD
Solitario

TERRITORIAL
No

MODO DE VIDA
A oscuras

Dimensiones	Miden unos 15 cm de largo
Dieta	Se alimenta de otras especies de peces

Las hembras y los machos de rape abisal son muy distintos. ¡Antiguamente se pensaba que eran dos especies diferentes! El cuerpo de las hembras es de color marrón oscuro o negro y tiene forma de globo. Sin embargo, los machos son mucho más pequeños y alargados.

Uno de los rasgos más característico del rape abisal es el apéndice o illicium situado sobre su cabeza. Gracias a esta adaptación, ¡producen luz para atraer a sus presas! En realidad, esta bioluminiscencia es creada por unas bacterias que viven en su interior.

La cabeza de las hembras es grande, con una enorme boca repleta de dientes largos y afilados. Además, sus estómagos también son enormes y pueden expandirse para así engullir presas de mayor tamaño.

72 PEZ REMO

Un pez muy largo

El pez remo gigante (*Regalecus glesne*) es una especie muy característica que habita en todos los océanos del mundo, menos en las regiones polares. Vive en mar abierto, pudiendo nadar hasta una profundidad de 1000 m.

Dimensiones	¡Pueden llegar a crecer hasta alcanzar una longitud de 8 m!
Dieta	Especies pequeñas de peces y calamares

SOCIABILIDAD
Solitario

TERRITORIAL
No

MODO DE VIDA
Alejado de la luz

El cuerpo de los peces remo tiene forma de cinta, es estrecho y muy largo. Son de color plateado y azul, presentando algunas manchas negras y unas aletas de color rojo carmesí. Sin embargo, cuando nacen tienen un aspecto transparente para así camuflarse en el agua.

73 PEZ CABEZA TRANSPARENTE

El pez de cabeza transparente (*Macropinna microstoma*) es una especie muy extraña que habita en aguas templadas profundas de los océanos Pacífico, Índico y Atlántico. Estos peces nadan siempre a una profundidad de entre 600 y 800 m.

Parece un pez de mentira

Tiene ojos tubulares, una boca diminuta y el cerebro a la vista.

Dimensiones	Esta especie crece hasta alcanzar unos 15 cm de longitud
Dieta	Se alimenta de animales gelatinosos como la carabela portuguesa y otros pequeños animales

SOCIABILIDAD
Muy solitario

TERRITORIAL
Sí

MODO DE VIDA
Casi a oscuras

74 PEZ GOTA ¿El animal más feo del mundo?

El pez gota o globo (*Psychrolutes marcidus*) es una especie típica de aguas profundas, la cual habita en los océanos que rodean Australia y Nueva Zelanda. Vive a profundidades de entre 600 y 1200 m, donde la presión es enorme.

Dimensiones	Estos peces miden alrededor de 30 cm
Dieta	Se alimenta de erizos de mar, de crustáceos y moluscos

SOCIABILIDAD
Solitario

TERRITORIAL
No

MODO DE VIDA
En las profundidades

Su cuerpo recuerda al de un renacuajo, con grandes cabezas y cuerpos que se van estrechando hasta llegar a una cola pequeña. El aspecto de globo, el cual les dio fama de los animales más feos del mundo, se debe a la descompresión que sufren cuando suben desde las profundidades hasta la superficie.

75 PEZ PELÍCANO

Una increíble anguila

El pez pelícano (*Eurypharynx pelecanoides*) es una especie de anguila que vive en las profundidades abisales de los océanos. Habita en regiones templadas y tropicales de todos los océanos, pero a una profundidad de entre 500 hasta 3 000 m.

Dimensiones	Puede crecer hasta alcanzar entre 70 cm y un metro de longitud
Dieta	Se alimenta de peces y otras pequeñas presas

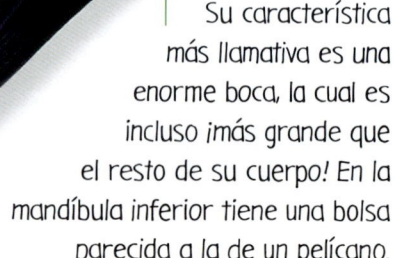

SOCIABILIDAD
Solitario

TERRITORIAL
No

MODO DE VIDA
A oscuras

Su característica más llamativa es una enorme boca, la cual es incluso ¡más grande que el resto de su cuerpo! En la mandíbula inferior tiene una bolsa parecida a la de un pelícano.

ATÚN ROJO
Incansable viajero del océano

El atún rojo (*Thunnus thynnus*) es un gran pez que habita en aguas subtropicales y templadas de los océanos Atlántico y Pacífico.

Dimensiones	Esta especie crece hasta pesar más de 200 kg y superar los 2 m de longitud
Dieta	Se alimenta de cualquier pez pequeño que nade cerca. Sus favoritos son calamares y crustáceos

■ Vive en constante movimiento, nadando desde las zonas más superficiales del mar hasta incluso sumergirse a una profundidad de 1000 m.

■ Los atunes rojos son peces depredadores de otros más pequeños como, por ejemplo, las sardinas o los arenques. Cuentan con una potente musculatura gracias a la cual recorren grandes distancias y persiguen a sus presas. ¡Pueden nadar a más de 60 km/h!

SOCIABILIDAD
En periodo de reproducción van en bancos; si no, en grupos pequeños o en solitario

TERRITORIAL
No

MODO DE VIDA
Diurno

Muchos tipos de peces, como el atún rojo (*Thunnus thynnus*), se reúnen en grandes grupos conocidos como cardúmenes. Esta adaptación les ayuda a defenderse de los depredadores, además de encontrar alimento y pareja. Sus depredadores son los tiburones, otros peces de gran tamaño y algunos mamíferos marinos como las orcas.

Las pínulas son aletas que no se han desarrollado y que presentan algunos peces muy nadadores.

77 PEZ VELA DEL ATLÁNTICO

El pez vela (*Istiophorus albicans*) habita en regiones tropicales o templadas del océano Atlántico.

Armado con una espada

Son nadadores ágiles y veloces. ¡Alcanzan velocidades de entre 30 y 50 km/h! Se alimentan de bancos de peces más pequeños que encuentran en su camino. Gracias a su espada, golpean a sus presas para separarlas del grupo.

Dimensiones	Son peces de gran tamaño, los cuales pueden crecer hasta alcanzar una longitud de 3 m y un peso de unos 50 kg
Dieta	Se alimenta de peces y calamares

SOCIABILIDAD
En solitario o en pequeños grupos

TERRITORIAL
No

MODO DE VIDA
Diurno

78 BARRACUDA

Una boca repleta de dientes

La gran barracuda o espetón (*Sphyraena barracuda*) es una especie que habita en las aguas tropicales de los océanos Atlántico, Índico y Pacífico.

Las barracudas adultas prefieren vivir en los alrededores de los arrecifes de coral. Sin embargo, acuden a los estuarios para desovar y allí permanecen los ejemplares jóvenes hasta que son lo suficientemente grandes.

Las barracudas son famosas por tener dientes grandes y afilados parecidos a colmillos con los que atrapan a sus presas.

Dimensiones	Estos peces pueden alcanzar una longitud de 2 m
Dieta	Se alimentan de peces más pequeños, calamares y crustáceos

SOCIABILIDAD
De adulto es solitario

TERRITORIAL
Sí, mucho

MODO DE VIDA
Diurno y nocturno

79 PEZ VOLADOR DEL ATLÁNTICO

¡Planean para escapar!

Los peces voladores (*Cheilopogon melanurus*) son una especie muy curiosa que habita en el océano Atlántico. Tienen un color azul verdoso en el dorso, pero son blancos o plateados en la parte ventral.

Dimensiones	Pueden crecer hasta alcanzar entre 20 y 30 cm de longitud
Dieta	Plancton y peces más pequeños

SOCIABILIDAD
En bancos

TERRITORIAL
No

MODO DE VIDA
Diurno

Tiene una forma de torpedo perfecta para alcanzar grandes velocidades.

■ Cuando un pez volador se siente amenazado, salta fuera del agua y usa sus aletas pectorales para sustentarse.

■ También mueven las colas para impulsarse hacia delante. ¡Pueden huir a una velocidad de 30 km/h y planear distancias de 12 m hasta un sitio más seguro!

80 PEZ LUNA   Un pez enorme

Los peces luna (*Mola mola*) son una característica especie que podemos hallar en aguas templadas y tropicales de los océanos Atlántico, Índico y Pacífico, así como en el mar Mediterráneo. Se trata de animales de gran tamaño.

■ Esta especie es el vertebrado más fértil de la Tierra. Una sola hembra de pez luna puede llegar a producir más de 300 millones de huevos, de apenas 1 mm, en cada época de reproducción. Las larvas miden unos 2 mm y su aspecto recuerda a una estrella redonda con espinas que sobresalen de los bordes.

Dimensiones	¡Alcanzan 3 m de longitud, 4 m de altura y pesan más de 2 toneladas!
Dieta	Se alimentan principalmente de medusas y otros animales gelatinosos

SOCIABILIDAD
Grandes solitarios

TERRITORIAL
No

MODO DE VIDA
Diurno

81 CALAMAR GIGANTE

El molusco más grande

Los calamares gigantes (*Architeuthis dux*) son unos enormes moluscos que habitan a grandes profundidades oceánicas. Viven en todos los océanos del mundo, aunque se desconoce cuál es su hogar porque nunca han sido vistos en su hábitat natural.

SOCIABILIDAD
Solitario

TERRITORIAL
Sí

MODO DE VIDA
Mejor con poca luz

Una de las características de estos calamares son dos tentáculos largos que miden más de 10 m de largo. Al final de estos tentáculos tienen múltiples ventosas dentadas que usan para atrapar a sus presas.

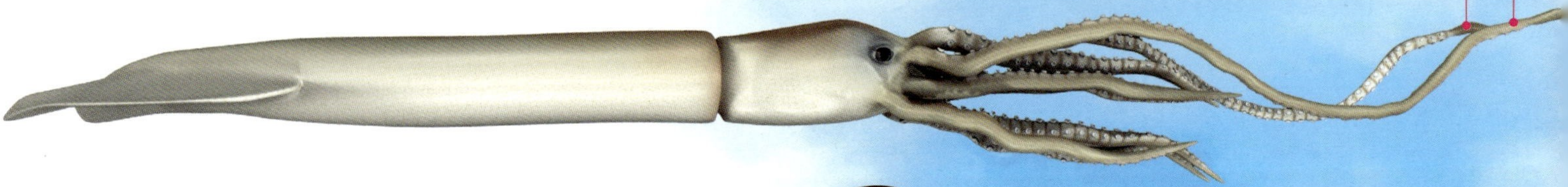

Dimensiones	Como su nombre indica, esta especie es enorme. Se trata de uno de los moluscos más grandes de la Tierra, el cual ¡puede medir hasta 12 m de longitud y pesar 275 kg!
Dieta	Peces, crustáceos y otros cefalópodos

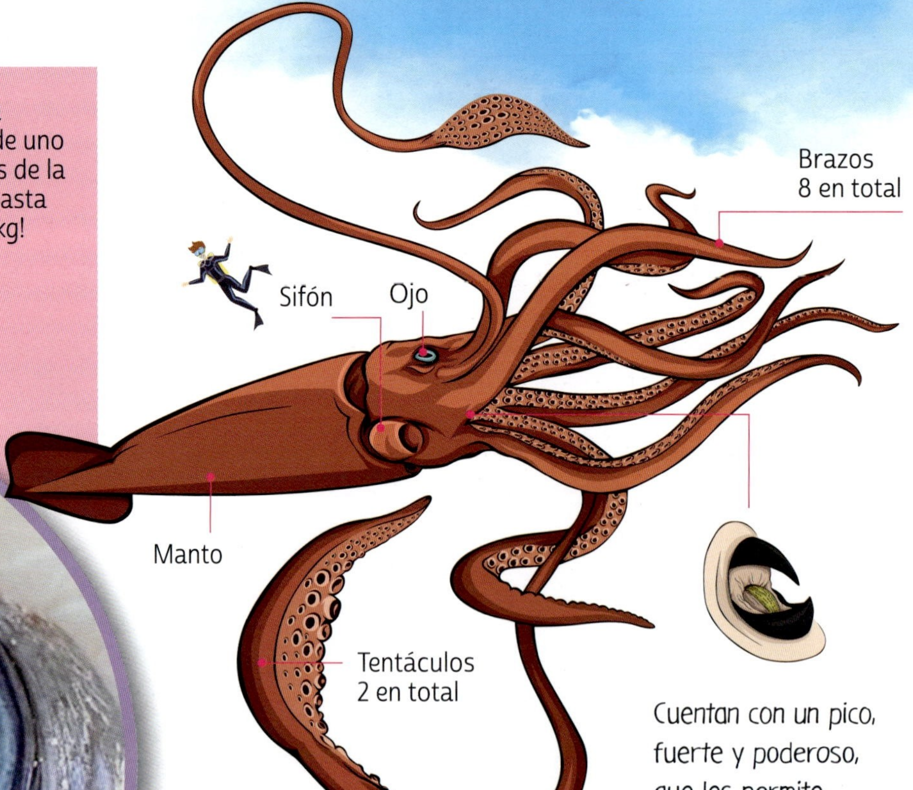

Brazos
8 en total

Sifón   Ojo

Manto

Tentáculos
2 en total

Cuentan con un pico, fuerte y poderoso, que les permite morder casi cualquier cosa que cazan.

¡Sus ojos son los más grandes del mundo animal! Tienen un diámetro de 25 cm, tan grandes como la cabeza de un humano. Gracias a estos ojos, pueden captar pequeñas cantidades de luz en las profundidades del océano.

82 PULPO GIGANTE

El pulpo más grande del mundo

El pulpo gigante (*Enteroctopus dofleini*) es una especie que habita en las costas del océano Pacífico norte, desde Japón hasta California.

- Las hembras ponen entre 20 000 y 100 000 huevos que agrupan en racimos, los cuales cuelgan sobre el techo de su guarida. Durante el tiempo de incubación, las hembras permanecen en el lugar, protegiendo los huevos y moviendo el agua para que el sitio esté limpio.

Dimensiones	¡Puede medir 9 m de longitud y pesar más de 100 kg!
Dieta	Su alimento principal: almejas, cangrejos, peces y calamares

 SOCIABILIDAD Solitario

 **TERRITORIAL** Sí

MODO DE VIDA Nocturno

83 PULPO DE ANILLOS AZULES

Un pulpo muy venenoso

Los pulpos azules (*Hapalochlaena*) son unos curiosos animales que habitan en diversas costas del océano Pacífico, desde Japón hasta Australia.

- Esta especie es muy peligrosa. ¡Su veneno contiene la toxina conocida como tetrodotoxina! Utiliza este veneno para defenderse ante cualquier peligro o para capturar pequeñas presas.

Dimensiones	Tienen un tamaño pequeño, no superando los 10 cm de longitud y 80 gr de peso
Dieta	Se alimentan de crustáceos y otros animales marinos

 **SOCIABILIDAD** Solitario

 **TERRITORIAL** Mucho

 MODO DE VIDA Nocturno

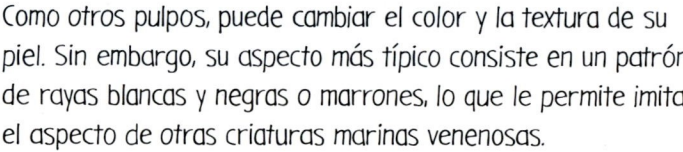

84 PULPO MIMÉTICO

El mejor imitador

El pulpo mimético (*Thaumoctopus mimicus*) es una especie fascinante que podemos encontrar en las costas del sudeste de Asia.

Dimensiones	Estos pulpos crecen hasta alcanzar una longitud de 60 cm
Dieta	Se alimenta de crustáceos, peces y moluscos

SOCIABILIDAD
Solitario

TERRITORIAL
Sí

MODO DE VIDA
Diurno

Como otros pulpos, puede cambiar el color y la textura de su piel. Sin embargo, su aspecto más típico consiste en un patrón de rayas blancas y negras o marrones, lo que le permite imitar el aspecto de otras criaturas marinas venenosas.

85 NAUTILO

Parecen seres prehistóricos

El nautilo (*Nautilus pompilius*) es un curioso molusco pariente de los pulpos, el cual habita en aguas de los océanos Índico y Pacífico. Les gusta vivir cerca del fondo, donde pueden encontrar alimento.

Su caracola cuenta con diversos huecos que llena o vacía de aire para subir o bajar hasta una profundidad de 500 m.

SOCIABILIDAD
Solitario

TERRITORIAL
No

MODO DE VIDA
Nocturno

Su rasgo más característico es su concha lisa y delgada, con un patrón de rayas blancas y marrones. ¡Además cuentan con 90 tentáculos sin ventosas!

Dimensiones	Estos moluscos crecen hasta alcanzar una longitud de 20 cm
Dieta	Se alimentan de carroña y pequeños peces

86 DRAGÓN DE MAR AZUL

Un pequeño surfista de los océanos

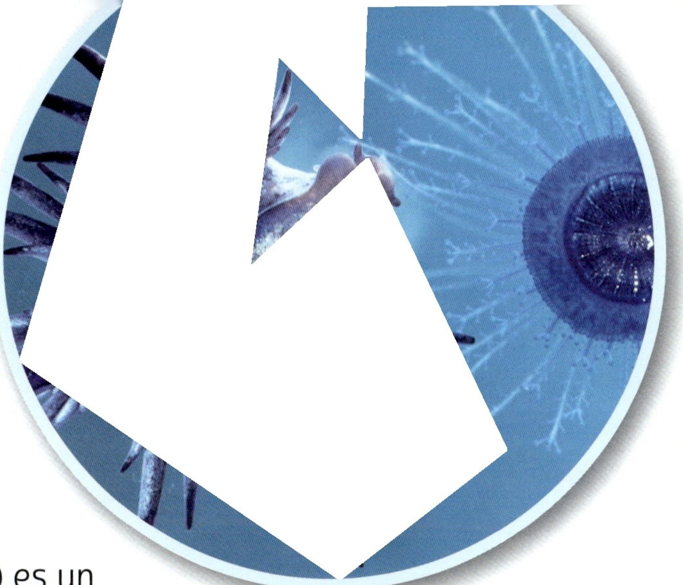

El dragón de mar azul (*Glaucus atlanticus*) es un espléndido molusco que vive en las aguas tropicales o subtropicales del océano Atlántico. Su rasgo más característico es el patrón de rayas azul oscuro que recorre su cuerpo.

Dimensiones	Se trata de una pequeña especie de nudibranquio, el cual no crece más de 3 cm de longitud
Dieta	Su comida favorita son las carabelas portuguesas y otros animales gelatinosos

Son animales pelágicos, lo cual significa que viven flotando en el agua. Concretamente, flotan boca abajo en la superficie del agua y se dejan arrastrar por los vientos y las corrientes oceánicas.

El cuerpo de estos nudibranquios es plano, destacando una serie de apéndices ramificados que utilizan para nadar.

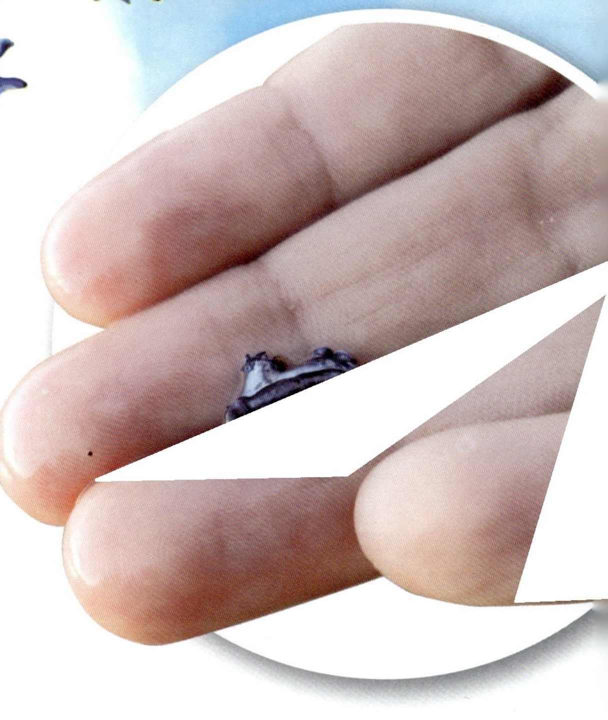

SOCIABILIDAD
Solitario

TERRITORIAL
No

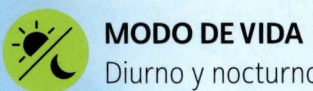

MODO DE VIDA
Diurno y nocturno

Como indica su nombre, su cuerpo es de color azul intenso u oscuro en la parte superior, lo que les permite camuflarse con la superficie del agua. Sin embargo, la parte de abajo es de color gris o plateada, para así no ser vistos desde abajo. ¡Ojo, pese a su bonito aspecto, es venenoso!

87 CARACOL CONO GEOGRÁFICO

Un caracol mortal

El caracol cono geográfico (*Conus geographus*) es un molusco que habita en los arrecifes de coral de los océanos Pacífico é Índico, especialmente al norte de Australia.

Sus conchas son de color blanco, crema o rosáceo, pero están recubiertas con un curioso patrón de rayas negras o marrones. Debido a este aspecto se les da el nombre de geográficos, porque sus dibujos recuerdan a un mapa.

Dimensiones	Crecen hasta alcanzar una longitud de entre 10 y 15 cm
Dieta	Cazan pequeños peces, gusanos y otros moluscos

SOCIABILIDAD
Solitario

TERRITORIAL
No

MODO DE VIDA
Diurno y nocturno

88 BABOSA HOJA
Una babosa que funciona con energía solar

Estas curiosas babosas marinas con cara de oveja obtienen la energía del sol, igual que hacen las plantas. Pueden encontrarse en las costas de muchas regiones del mundo, especialmente en lugares poco profundos como, por ejemplo, marismas o charcas marinas.

El rasgo más característico de las *Elysia* es su color verde brillante, el cual se debe a una curiosa adaptación. Después de comer algas, no digieren todo el contenido, sino que integran en sus cuerpos los cloroplastos de las algas. ¡Así pueden hacer la fotosíntesis al igual que las plantas!

Dimensiones	Estos animales no llegan a superar los 60 mm de longitud
Dieta	Se alimentan de algas

SOCIABILIDAD
Solitaria

TERRITORIAL
No

MODO DE VIDA
Diurno y nocturno

89 ALMEJA GIGANTE

Las almejas más grandes del mundo

Esta especie gigante (*Tridacna*) es la más grande del mundo. Habita en las regiones tropicales de los océanos Índico y Pacífico, concretamente en zonas de arrecifes de coral poco profundas.

Como otras especies de almejas, filtran el agua para alimentarse, sin embargo, la mayor parte de los nutrientes son aportados por microalgas que viven en el interior de sus tejidos como simbiontes de la almeja. Estos microorganismos realizan la fotosíntesis.

Dimensiones	¡Pueden medir más de 1 m de longitud y pesar 300 kg¡
Dieta	Como otras especies de almejas, filtran el agua para alimentarse de partículas, fitoplancton y zooplancton

SOCIABILIDAD
Solitaria

TERRITORIAL
No

MODO DE VIDA
Diurno

90 ALMEJA ELÉCTRICA

Una almeja muy extraña

La almeja eléctrica (*Ctenoides ales*) habita en las aguas tropicales de los océanos Índico y Pacífico.

El nombre de esta especie se debe a que ¡produce destellos como la bola de una discoteca! Este aspecto brillante no se debe a la producción de luz, como realizan muchas otras criaturas marinas. En cambio, esta especie cuenta con nanoesferas de sílice en sus tejidos, las cuales pueden reflejar la luz ambiental. No se conoce la función exacta de la rara adaptación de la almeja eléctrica. Los científicos creen que podría servir para ahuyentar a los depredadores.

Dimensiones	Estos moluscos crecen hasta alcanzar 7 cm de longitud
Dieta	Se alimentan filtrando fitoplancton del agua

SOCIABILIDAD
Solitaria

TERRITORIAL
No

MODO DE VIDA
Diurno y nocturno

91 MEDUSA MELENA DE LEÓN

Una medusa gigante

La medusa melena de león gigante (*Cyanea capillata*) vive en el océano Ártico y en la zona norte del Atlántico y Pacífico. Es la especie de medusa más grande del mundo.

Dimensiones	¡Su cuerpo puede medir 2 m de diámetro y sus tentáculos llegan a crecer hasta los 30 m de longitud!
Dieta	El alimento principal de estas medusas son peces

- Al igual que otras medusas, su cuerpo está compuesto principalmente por agua. ¡Son un 94 % agua!

- Su nombre, melena de león, se debe a los múltiples tentáculos rojizos o amarillos. ¡Pueden tener hasta 150 tentáculos! Además, el color de su cuerpo varía entre tonos rosáceos, dorados, rojos o violetas.

En la superficie de su piel, las medusas tienen unas células especiales conocidas como nematocistos. En el interior de dichas células hay arpones microscópicos que usan para inyectar veneno en las presas o los depredadores. Incluso cuando están muertas, los nematocistos pueden picar.

SOCIABILIDAD
Suele ser solitaria o ir en grupos reducidos

TERRITORIAL
No

MODO DE VIDA
A oscuras

92 AVISPA DE MAR · Una medusa muy peligrosa

Dimensiones	Su cuerpo es pequeño, de unos 15 cm, pero sus tentáculos pueden llegar a ¡3 m de longitud!
Dieta	Se alimenta de pequeños peces y crustáceos como, por ejemplo, las gambas

 **SOCIABILIDAD**
Solitaria

Estas medusas cazan extendiendo sus quince tentáculos para así capturar las presas que estén a su alcance.

 **TERRITORIAL**
No

MODO DE VIDA
Diurno y nocturno

La avispa de mar (*Chironex fleckeri*) habita en las aguas costeras del norte de Australia y otras regiones de Oceanía.

93 CARABELA PORTUGUESA · Parece una medusa

La carabela portuguesa (*Physalia physalis*) es una especie que habita en los océanos Atlántico, Índico y Pacífico. Aunque parece una medusa, ¡en realidad es un organismo colonial formado por pequeños animales!

Dimensiones	¡Sus tentáculos pueden alcanzar hasta 30 m de longitud!
Dieta	Se alimentan principalmente de peces pequeños

SOCIABILIDAD
Logran formar grandes grupos de hasta 100 ejemplares

 **TERRITORIAL**
No

MODO DE VIDA
Diurno y nocturno

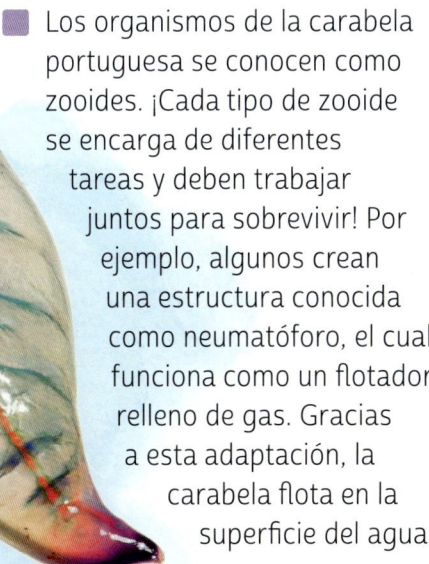

Los organismos de la carabela portuguesa se conocen como zooides. ¡Cada tipo de zooide se encarga de diferentes tareas y deben trabajar juntos para sobrevivir! Por ejemplo, algunos crean una estructura conocida como neumatóforo, el cual funciona como un flotador relleno de gas. Gracias a esta adaptación, la carabela flota en la superficie del agua.

MEDUSA HUEVO FRITO

Una medusa muy característica

La medusa huevo frito (*Cotylorhiza tuberculata*) es una especie que podemos encontrar en las aguas cálidas del mar Mediterráneo. Su población prolifera en verano, debido a que en esta época existen mejores condiciones ambientales para su crecimiento.

Dimensiones	Estas medusas pueden crecer hasta alcanzar 40 cm de diámetro
Dieta	Se alimenta de organismos microscópicos

SOCIABILIDAD
En grupo

TERRITORIAL
No

MODO DE VIDA
Diurno

MEDUSA DORADA

Una extraña medusa

La medusa dorada (*Mastigias papua*) es una curiosa especie que podemos encontrar en aguas de los océanos Índico y Pacífico. Habitan las aguas superficiales, donde siempre abunda la luz del sol.

Dimensiones	Estas medusas pueden crecer hasta alcanzar 10 cm de largo y 7 cm de diámetro
Dieta	Plancton, pequeños crustáceos, peces y otras especies de medusas

Su color verde oliva o dorado es debido a unas microalgas que viven dentro de estas medusas. Dichos microorganismos realizan la fotosíntesis y les aportan nutrientes.

SOCIABILIDAD
En grupos numerosos

TERRITORIAL
No

MODO DE VIDA
Diurno

96 CANGREJO GIGANTE JAPONÉS

Como una araña gigantesca

El cangrejo gigante japonés (*Macrocheira kaempferi*) es un crustáceo impresionante. Esta especie habita en las costas japonesas del océano Pacífico. Prefieren vivir en fondos marinos arenosos y con abundantes rocas, a una profundidad de entre 150 y 300 m.

SOCIABILIDAD
Solitario

TERRITORIAL
Sí

MODO DE VIDA
Nocturno

Estos cangrejos no solo son los crustáceos de mayor tamaño, sino que también son los artrópodos más grandes del mundo.

Dimensiones	¡Sus pinzas crecen hasta 4 m de longitud! Aunque su cuerpo es mucho más pequeño, ya que no mide más de 30 o 40 cm
Dieta	Son una especie omnívora y carroñera

97 CANGREJO ERIZO

Un cangrejo con un curioso comportamiento

El cangrejo erizo o cangrejo portador (*Dorippe frascone*) es una pequeña especie de cangrejo que habita las aguas del mar Rojo y algunas regiones del océano Índico.

Estos crustáceos tienen una relación mutualista con el erizo de fuego (*Astropyga radiata*) y otras especies de erizos marinos a los que transporta sobre su caparazón.

El cangrejo consigue protección, y el erizo transporte hacia lugares con más alimento.

Dimensiones	Crecen hasta alcanzar una longitud de 5 cm
Dieta	Algas, plancton, peces, otros crustáceos más pequeños o carroña.

SOCIABILIDAD
Solitario

TERRITORIAL
No

MODO DE VIDA
Nocturno

98 CAMARÓN MANTIS

Unas extrañas pinzas

El camarón mantis (*Gonodactylus smithii*) es una especie que vive en algunas regiones de los océanos Pacífico e Índico, en especial en los arrecifes de coral de Australia.

Dimensiones	Puede alcanzar un tamaño de hasta 8 o 10 cm y pesar alrededor de 60 gr
Dieta	Crustáceos, cangrejos, moluscos e incluso otros camarones mantis

SOCIABILIDAD
Solitario

TERRITORIAL
No

MODO DE VIDA
Diurno

ESTRELLA DE MAR CORONA DE ESPINAS

Unas estrellas muy bien protegidas

La estrella de mar corona de espinas (*Acanthaster planci*) es una especie de equinodermo que habita en las aguas tropicales de los océanos Índico y Pacífico.

Dimensiones	¡Pueden medir hasta 70 cm de diámetro!
Dieta	Esta especie es famosa por comer casi exclusivamente corales

SOCIABILIDAD
Solitaria

TERRITORIAL
En principio, no

MODO DE VIDA
De adultas, diurno

GUSANO DE FUEGO

Un espléndido gusano

El gusano de fuego (*Hermodice carunculata*) es una especie que podemos encontrar en algunas regiones tropicales del océano Atlántico y del mar Mediterráneo.

Dimensiones	Estos gusanos crecen hasta alcanzar una longitud de 15 cm
Dieta	Su dieta es omnívora, siendo un voraz depredador de anémonas y corales, pero también de algas

SOCIABILIDAD
Mayormente solitario

TERRITORIAL
No

MODO DE VIDA
Diurno

101 LAMPREA MARINA

Un pez que parece de otro mundo

Las lampreas marinas (*Petromyzon marinus*) son unos peces extraños y de aspecto primitivo que habitan algunas regiones del océano Atlántico. Sus cuerpos son de color marrón, con tonos verdosos oscuros y grises.

Las lampreas suelen encontrarse cerca de las costas. Es una especie migratoria, que puede vivir tanto en agua dulce como salada. Cada año, las lampreas adultas se internan en ríos y arroyos para desovar. Cuando nacen, las larvas permanecen en estos lugares hasta que son lo suficientemente grandes para migrar al océano.

Dimensiones	Crecen hasta alcanzar casi un metro de longitud y pesar alrededor de 2,5 kg
Dieta	Se alimentan de sangre

Son animales parásitos. El rasgo más llamativo de las lampreas es su boca, la cual funciona como una ventosa con diminutos dientes que usan para aferrarse al cuerpo de otros peces. Cuando logran sujetarse, utilizan estos dientes para hacer una herida en la piel y así ¡succionar sangre! Son como vampiros marinos.

Esta especie ha sido introducida de forma accidental en la región de los Grandes Lagos, en Estados Unidos y Canadá. En este lugar suponen un grave problema, ya que atacan a los peces que allí habitan, generando graves daños en los ecosistemas y la pesca.

SOCIABILIDAD
Solitaria

TERRITORIAL
No

MODO DE VIDA
Diurno, cuando migran nocturno